『週刊文春』vs統一教会の30年

未曾有のカルト教団が残した傷跡

石井謙一郎

Kenichiro Ishii

花伝社

はじめに

統一教会（世界基督教統一神霊協会・現在の正式名称は世界平和統一家庭連合）に関する報道には、「空白の三十年」があったと言われます。有名人の参加によって国際合同結婚式が大きな話題になってから、安倍晋三・元総理銃撃事件が発生するまでの間。多くのメディアも世の中も、統一教会に関心を向けなかった時期のことです。

日本における統一教会の歴史を振り返る中で、この「三十年」を位置づけてみます。

・一九五四（昭和二九）年五月　韓国で統一教会設立。
・一九五八年七月　文鮮明教祖の命を受けた崔奉春宣教師（日本名・西川勝）が密入国。日本での布教が始まる。
・一九六四年七月　東京都から宗教法人の認証を受ける。
・一九六七年七月　朝日新聞の記事「親泣かせの『原理運動』」を機に、統一教会への批判が高まっていく。
・一九六八年　一月に韓国、四月に日本で、国際勝共連合が結成される。七〇年安保を前に、反共を旗印として保守政治家への浸透が始まる。

・一九七四年五月　東京・帝国ホテルに文教祖を迎え、「希望の日晩餐会」が開催される。岸信介元首相が名誉実行委員長を務め、現役の閣僚、韓国大使、経団連会長など千七百人が出席。福田赳夫蔵相が「アジアに偉大な指導者現る。その名は文鮮明」とスピーチ。

・一九七八年四月　京都府知事選挙。全国から信者が動員され、勝共連合として自民党系候補を応援。当選を果たしたため、選挙の応援、秘書の派遣という形で自民党との関係が深まっていく。

・一九八四年六月　『世界日報』元編集局長の副島嘉和氏が、『文藝春秋』七月号に「これが『統一教会』の秘部だ」を寄稿。副島氏は掲載誌の発売八日前に暴漢に襲われ、重傷を負う。

・一九八六～七年　『朝日ジャーナル』が霊感商法追及キャンペーン。

・一九八七年五月　全国霊感商法対策弁護士連絡会が結成される。この年に受けた被害相談は二千六百四十七件。金額にすると百六十三億九千八百二十六万六千六百四円。八七年から二〇二二年までの総計では、相談が三万四千八百十八件。金額は一千二百八十二億四千五百四十一万五千四百六十六円にのぼる。もちろんこれらは、氷山の一角にすぎない。

・一九九二（平成四）年八月　ソウルで三万組の国際合同結婚式。有名人が参加したため芸能メディアが取り上げ、大きな話題となった。

・二〇〇七～九年　渋谷の印鑑販売会社㈲新世など、霊感商法に対する摘発が全国で相次ぐ。

・二〇一二年九月　文鮮明教祖が九十二歳で死去。教団は、跡を継いだ韓鶴子総裁が息子たちを排斥し、三男・顕進派、七男・亨進派などに分裂して現在に至る。
・二〇二二（令和四）年七月　安倍晋三・元首相銃撃事件。
・二〇二三年十月　文部科学省が東京地裁に対し、法人としての解散命令を請求。

「空白の三十年」とは、一九九二年から二〇二二年を指します。

私は九二（平成四）年四月に『週刊文春』の特派記者となり、六月から始まった一連の統一教会批判記事に携わりました。「元新体操選手の山﨑浩子さんが、国際合同結婚式に参加する」というスクープから始まったキャンペーンは、タレント飯星景子さんの入信騒ぎと父親の作家・飯干晃一さんによる奪回を経て、翌年四月の山﨑さん脱会に至るまで、ほぼ毎号続きました。

歌手の桜田淳子さんらも参加した九二年の合同結婚式は、芸能ニュース的な扱いが大半を占めました。そんな中でも、統一教会の霊感商法や高額献金、正体を隠した勧誘や信者に対するマインドコントロールの実態が併せて報じられ、統一教会の活動は社会的に大きな問題になりました。

しかし時が経つにつれ、世の中から忘れられていったのは事実です。九五年、阪神・淡路大震災に続いて地下鉄サリン事件が起こると、世の中はオウム真理教に震撼し、その反社会性に釘付けとなりました。以後、統一教会の話題は矮小化され、一般紙やテレビのニュースで取り上げられなくなります。

安倍元首相への銃撃事件が露見させた事実のひとつは、三十年ぶりに統一教会にスポットが当たったとき、新聞やテレビなどの大手メディアでは往時の取材成果が継承されていないことでした。


その三十年の間も、断続的にではありますが、『週刊文春』は統一教会問題を取材し、報じていました。旧ジャニーズ事務所の問題などでも同じですが、自ら火をつけたテーマを報じ続ける責任を、歴代の編集長とデスクが理解していたからです。

本書に収録した記事は、主にその間に書いたものです。発表した媒体は『週刊文春』のほかに月刊『文藝春秋』、『週刊文春電子版』、『宝島』、『別冊宝島』が含まれます。記事中の年齢や肩書きなどは、原則として掲載当時のままです。

安倍首相の事件後に書いた「統一教会　何が問題なのか」「統一教会の嘘を暴く献金極秘文書」「『文鮮明は母をレイプした』婚外子の告発」の三本は、『統一教会　何が問題なのか』（文春新書、二〇二二年）にも収録されています。

記事を書くたび、統一教会から抗議や訂正の要求がありました。中でも二〇一一年九月八日号の「統一教会　日本から『4900億円送金』リストを独占入手！」（本書22ページ）はよほど痛いところを衝いたらしく、「断食デモ」と称して三十人ほどの信者が連日のように文藝春秋の社屋を取り囲みました。私を名指しして「サタン」と叫び、通行人に抗議のビラや文教祖の自叙伝を配ること、計三十七日。期間は九月五日から十一月七日まで、約二カ月に及びました。炎天下に動員されたのは、内部で「壮年壮婦」と呼ばれる中高年の信者ばかりでした。

記事は内容ごとに大別して章を立て、ほぼ古い順から並べてあります。

最後の章には、統一教会以外の記事を入れることにしました。私は創価学会、幸福の科学、ワールドメイト、摂理、千乃正法（パナウェーブ研究所）、ライフスペース、紀元会、神世界などの新宗教、カルトについても多くの記事を書いてきました。

その中から記録として残すべきと考えたのは、やはりオウム真理教に関する記事です。洪水のような報道の中でも、事件後に管財人を引き受けた阿部三郎・元日弁連会長の勇気は、知られざる話だと思います。

拘置所の中で罪を悔い、被害者に謝罪の手紙を書くためにペン習字の練習から始めたのは、地下鉄サリン事件の実行犯だった広瀬健一・元死刑囚です。自分のような被害者を出さないためにに彼がしたためた手記の全文は、のちに『悔悟　オウム真理教元信徒・広瀬健一の手記』（朝日新聞出版）として出版されていますが、繰り返し記録しておく意義があると考え、収録することにしました。

最後は、聖書学の権威である浅見定雄さんによる「ノストラダムスの大予言が当たらない理由」です。「一九九九年七の月」を控え、こうした予言を利用してきたカルトの欺瞞を解き明かし、警鐘を鳴らす内容です。

広瀬さんと浅見さんの記事を最後に置いたのは、今後も発生するであろうカルトの被害に遭わないための、処方箋になると考えたからです。

『週刊文春』vs統一教会の30年——未曽有のカルト教団が残した傷跡◆目次

第3章　統一教会が翻弄した人生

第4章　文鮮明一家「理想家庭」の真実

第5章　カルトと現代社会

第 1 章

霊感商法と献金強要の実態

1　トップセールスマン顔負け　統一教会「霊感トークマニュアル」独占入手

（『週刊文春』２０１０年1月21日号）

統一教会が全国各地にさまざまな名前の会社を設立して行なってきた「霊感商法」に対する検挙が相次いでいる。小誌は各地で押収された、表紙から中身までまったく同じ体裁の販売マニュアルを入手した。トップセールスマン顔負けのそのトーク集を独占公開する。

「オウム事件がひと段落した平成八年、警察庁幹部から依頼されて統一教会（世界基督教統一神霊協会）の歴史と現状についてレクチャーをしたことがあります。そのとき言われたのは、『オウムの次は統一教会をターゲットにしている』。

あれから十三年。時間はかかりましたが、霊感商法の捜査がようやく本格化したことは評価すべきです」

と語るのは、ジャーナリストの有田芳生氏である。

「ただし、販売会社や末端の信者だけの摘発で終わっては意味がありません。根っこである統一教会本部や幹部まで辿り着かないのでは、結局モグラ叩きになるだけ。彼らは手を替え品を替え、金集めに励む。それが、霊感商法が問題化して以来三十年間の教訓です」

統一教会が全国各地にさまざまな名前の会社を設立し、長年行なってきた霊感商法に対する検挙が、相次いでいる。平成十九年秋の沖縄を手始めに、長野、福岡、新潟、東京、大阪、和歌山と、この二年間で七件に達した。容疑はいずれも、客を不安に陥れて印鑑などを高額で売りつけたという、特定商取引法違反。

統一教会本部はその都度、「当法人は一切の営利事業を行なっておらず、信者が個人的な活動で違法性を問われることのないよう指導を徹底する」と、ハンコで押したがごときコメントで逃げてきた。

しかし各地の摘発で、表紙から中身までまったく同じ体裁の「印鑑販売マニュアル」や、「トークマニュアル」が押収されていることが明らかになった。誰かが統括し指示を行なうのでなければ、同じ販売マニュアルがあちこちの会社で使われる理由は存在しない。

マニュアルは、街頭でのターゲットへの声かけから始まり、手相や姓名鑑定のやり方、客の悪い運勢を変えるためには高価な印鑑が必要であると迫る話法、値段のふっかけ方、事後のトラブルを防ぐための契約書の書き方まで、細かく多岐にわたる。

中でも、客が迷っているときの説得話法や、断わられたときの切り返し話術は、実に巧妙だ。以下、彼らのマニュアルから、そんなセリフの一部を引用する。

〔クロージングの話法〕

「品物を買うという感覚は捨てて下さい。○○さんが今一番悩んでいる事を解決し、将来に亘る幸運を買うんです。つまり努力してもどうにもならない『運』を買うんです。家族みんなが幸運になるためですよ！」

「高い？　これは守護印ですから」

〔断わり文句への応酬話法〕

①「相談する」

「そうですね。相談しておいて下さい、しかし、今話をしたのはあなた自身のことですよ。相談をして、相手が止めろと言って止めるんでしたら、今ここで止めるべきです。

○○さん、例えばあなたが交通事故にあって痛い思いをしたとき、相手が代わってくれますか？　痛いでしょうね…同情はあるかも知れませんが、自分の運勢は自分のお金できっちり直しておきなさい」

②「考えておく」「今はいいわ」

「私はこの仕事を長い間やっていますが、『考えておく』あるいは『電話する』といって出来た人はいませんよ。そして、そのうち私が先程言いました運勢通りになってから気付くわけです。しかし、内容によっては、事が起こってからでは間に合わないものもあります。どうせ先でやる気があるなら、今このチャンスを活かし事前に手を打っておくべきです。『一期一会』

ということがあります」

③「お金がない」

「この運勢を見るとあるとは言えませんね。しかし、卵が先か鶏が先かの議論ではないが、まずこの運勢を変えないと、いつまで経っても現状からの脱皮は出来ないと思いますよ。そして良い方向に向けることが先決です」

④「他の店より高い」

「はい。高いです。これは守護印ですから材質から彫り方からこだわりを持って作っていますから。当然ディスカウントやセール、値引きもありません。私は開運をご案内しているのです。

ただのはんこが欲しいなら、はんこ屋さんで作った方が安いです。これは守護印ですから」

卑劣な吉展ちゃん事件トーク

〔値踏み〕

「例えば1000万円持っている人が100万円のものを作るのと、40万円しか持っていない人が40万円のものを作るのとどちらが価値があるでしょうか？　形だけだったら100万の方がいいのかも知れません。しかし価値はそこに込めた〝真心〟で決まるんです。この場合40

万円の方が価値があるんです」

マニュアルには、「吉展《よしのぶ》ちゃん事件トーク」というページもある。昭和三十八年に起こった男児（当時四歳）誘拐殺害事件を都合よく因縁話に仕立てたもので、こんな内容だ。

「事件後、『先祖に原因がある』と聞きつけた朝日新聞の記者が過去を調べたところ、次のことがわかった。被害者も犯人も、七代前は福島県の石川郡石川村に住んでいた。両家の間に流れていた川の権利を巡る争いから、被害者の先祖が犯人の家の四歳の男の子を井戸に落として殺した。七代のちに、まったく逆のことが起こったのだ」

要するに殺されたのは因果応報で、悪い先祖がもたらした悪い運勢が原因。誰にでも同じことが起こるから、運を変えるために高い印鑑を買って開運せよ、と迫るのである。昭和四十六年の大久保清・連続婦女暴行殺害事件も、同じようにマニュアル化されている。

一昨年まで東京都内で印鑑販売に携わっていた、元信者が証言する。

「このトークマニュアルは、私がいたころも使っていました。『東京で一番の販売実績を上げている、新世という会社で作られたもの』と教えられました」

その㈲新世も摘発を受けた。渋谷駅前で声をかけた女性三人に対し、姓名鑑定をして根拠のない因縁話で脅し、高額な印鑑を売りつけたとして、社長や販売員ら七人が逮捕されたのだ。所在地が渋谷であるところから、警視庁は統一教会本部への家宅捜索を検討した。ところが、現政権の連立与党の大物政治家からストップがかかったという。

それでも東京地検は、ほかの事件が略式起訴→罰金刑で終わる中、初めて正式な裁判に持ち込み、冒頭陳述でも、

「(被告が)統一教会の教義に沿って、感化・洗脳を続け、全財産を拠出させることを目的として、印鑑販売を行なっていたことを立証する」

と意気込みを述べた。

販売活動から伝道へのプロセス

判決が言い渡されたのは、昨年十一月十日。東京地裁は、新世に対して罰金八百万円、代表取締役のTに懲役二年と罰金三百万円、営業部長のFに懲役一年六ヵ月と罰金二百万円の判決を言い渡した。

全国霊感商法対策弁護士連絡会(全国弁連)の渡辺博弁護士は、この判決を高く評価する。

「特商法違反では前例がないと思われるほどの、重い刑です。二人とも四年と長い執行猶予がついたのは、裁判所が再犯を恐れたためでしょう。しかし、被告側は控訴しませんでした。これまで民事裁判では、統一教会の組織的な違法行為で責任を認定した判決がたくさん出ていますが、今回は初めて刑事での認定であり、その意義は極めて大きいものがあります」

判決文は検察の主張を採り入れて、こう断じている。

「被告会社は、役員も販売員ら従業員も全員が世界基督教統一神霊協会の信者であるところ、設立当初から長年にわたり、このような印鑑販売の手法が、信仰と渾然一体となっているマニュアルや講義によって多数の販売員に周知され、販売員らはこのような販売手法が信仰にかなったものと信じて強固な意思で実践していた」

さらに踏み込んで、

「統一教会の信者を増やすことをも目的として違法な手段を伴う印鑑販売を行っていたものであって、本件各犯行は相当高度な組織性が認められる継続的犯行の一環であり、この点からも犯情は極めて悪い」

先に紹介した「トークマニュアル」を作成したのが、この新世の代表取締役Tだ。法廷では「吉展ちゃん事件トーク」について、

「インターネットにアクセスして調べたところ、そういう話があったので」

と説明。この因縁話を真実だと信じていると語った。これに対し検察官は、

「実際に子どもが殺された事件を印鑑販売のトークに使うことに、罪悪感というのはなかったのですか」

と当然の疑問を投げかけている。各地の捜査や裁判では、霊感商法が統一教会の組織的犯行であることを裏付ける動かぬ証拠が、販売マニュアル以外にも次々と出ている。

和歌山県警は、昨年十月に印鑑販売会社㈱エム・ワンを摘発すると同時に、統一教会の和歌

山教会へ家宅捜索に入った。他県では、販売会社の捜索を行なったのちに裏づけとして教会を調べるケースが多く、重要な証拠はすでに残されていなかった。しかし和歌山では、

「同時に捜索したのがうまくいき、和歌山教会のパソコンから、無関係であるはずのエム・ワンの物品販売の目標や実績、達成率に関する文書データが出てきたのです。エム・ワンの役員が販売員への手数料について、教区の幹部に報告していることもわかった」（和歌山県警関係者）

和歌山教会で信者のパソコンから押収された内部文書には、こんな記述もあった。

「2009年2月から始まった、組織改革について、御説明申し上げます。（略）30年間も、継続してきた、販売活動から伝道へのプロセスは、2月をもって、停止となりました」

印鑑販売が伝道の入り口であったこと、それを三十年も続けてきたことを、自ら認めている内容だ。

福岡地裁で審理中の霊感商法の民事裁判では、印鑑販売会社の販売員をしていた現役信者の口から、墓穴を掘る証言が飛び出した。

「四千三百万円の多宝塔を売ったとき、手数料として三〇％が支払われることになったが、実際には直接手にせず、店舗の会計に任せて教区の教会を通じて本部へ個人献金として送られることになっていた。印鑑についても同じだった」

文鮮明教祖の後継問題

四千三百万円の三〇％といえば、これだけで千二百九十万円の献金だ。全国弁連に所属する大神周一弁護士が言う。

「この信者は販売の現場へ被害者を連れて行っただけで、手数料が売上げの三〇％。それが個人献金の形で本部へ送られていることを、自ら明らかにしたのです。因縁トークをする霊能者役の信者がもらう形になっている手数料なども考えると、物品販売代金の大部分が、個人献金の形で統一教会本部へ送られていることは明白です。

この裁判では現役の教会長が、自ら印鑑を販売し、手数料を個人献金したという証言もしました。

統一教会の言う『物品販売は信者が勝手にやっていること』『販売代金が統一教会に入金されることはない』という詭弁は、もはや通用しません」

しかし統一教会本部は、小誌の取材に対し、

「新世などの利益が、当法人にわたっている事実はありません。また、当法人が、上記会社などの団体に対して指示を与えている事実はありません」

などと、従来の弁明を繰り返すのみ。

それでも各地での摘発が功を奏し、統一教会の金集めが深刻な打撃を受けていることは確かだ。昨年十月には、これまで合同結婚式に参加したすべての家庭に対し、百四十万円という新たな献金指令が出された。

日本から韓国への送金が減った結果、内部でクーデター騒ぎも起こったという。

かねてから、三男、四男、七男の三人の息子による争いが顕在化していた、文鮮明教祖の後継問題。

「昨年十一月、跡継ぎの最右翼と目される七男の亨進《ヒョンジン》が四男の國進《クッチン》と組み、三男の顯進《ヒョンジン》を主要な役職から外して追い落としにかかりました。すると顯進は、母親（つまり文教祖夫人）の韓鶴子、妻の父で韓国プロサッカーKリーグ会長も務める教会ナンバー2・郭錠煥らを抱き込んで、統一教会からの分離独立を画策したというのです。その後の情報がないところを見ると、不発に終わったのでしょうか」（統一教会関係者）

さて文教祖は何をしているかというと、なんとラスベガスに長逗留してギャンブル三昧。しゃべらせると止まらないが、中身は下ネタばかりで周囲は困惑しているという。来月で九十歳になる文教祖、年齢による衰えは隠せないようだ。

2　統一教会　日本から「4900億円送金リスト」を独占入手！

（『週刊文春』２０１１年9月8日号）

日本では霊感商法で反社会的イメージの強い統一教会だが、韓国ではトップアイドルがイベントに登場したり五輪開催地を買収するなどやりたい放題。だが、その原資はすべて日本からの送金だ。その組織のカネを巡って教祖一家が骨肉の争いを繰り広げているという。

八月六日に韓国で行なわれた統一教会（世界基督教統一神霊協会）の信者向けイベントに、人気絶頂の少女時代が出演した。三曲歌って五百万円以上稼いだとされる少女時代は日本でのイメージを落とし、統一教会は存在感と資金力を示した格好となった。

「その出演料も、元は日本からの送金です。いま日本の統一教会がお金を送る先は、二か所あります。大半はもちろん韓国。もう一か所は、アメリカのラスベガスです。修練会に参加するという名目で、毎回百十人の信者が一万ドルずつ持って渡航し、現地で回収します」（現役信者）

ラスベガスに運ばれるのは、文鮮明教祖（91）夫妻がカジノで使う資金だ。膀胱がんや認知症説など健康悪化が伝えられる文教祖だが、ギャンブルにかける情熱は衰えを見せない。

「文教祖はブラックジャック、韓鶴子夫人（68）はスロットマシーンがお気に入りだとか」（同前）

再臨のメシアを名乗り、理想家庭と地上天国の実現を使命とするはずの教祖夫妻が、なぜギャンブル狂いなのか。もちろんそこにも、立派な使命があるらしい。信者たちは、文教祖がこう語るのを聞いている。

「堕落した者をも救わなければならないから、お父様自ら実践している。ラスベガスのような霊界が悪い場所へ行くことで、その土地が清くなり、奇跡のような神の摂理が始まるんだ」

文教祖はその崇高な使命をさらに遂行せんがため、カジノつきのホテルを買い取ろうとした。しかし、地元の反対で実現せず。代わりに邸宅を買い、今年五月には築四十五年のビルを約九億円で手に入れた。

「日本の信者はたくさんある名節や記念日ごとに献金をしなければなりませんが、それ以外にも何かと理由をつけては、臨時の献金を求められるんです」（別の日本人信者）

今年三月の東日本大震災が、献金を募る口実となったのはいうまでもない。

韓鶴子夫人の死んだ母親の霊が降りているとされる、韓国人の女性幹部がいる。「大母様」と呼ばれて崇められる彼女は、震災直後にこう発言した。

「本来なら今回の地震は、関東を直撃して関東地方が真っ二つに分断されていたところを、震源地を海にまで飛ばすことができた」

真のご父母様が必死に祈祷したために震源地が海になり、日本列島の分裂という最悪のケースは防ぐことができた。だから、さらに伝道と献金に励めというのだ。このメッセージは、日本の信者に広く伝えられた。

いっそのこと死ねと言って

「献金の要求は増すばかりで、真面目な信者ほど、自分で借金を重ねて献金に応じています。その結果、数人の借金を一人に集めて計画的に自己破産させたり、自殺者まで出ている。

○七年から警察による霊感商法の摘発が相次ぎ、送金額は激減しました。それでも昨年、目標が二百六十億円だったのに対して三百億円を送金しています。

現役信者が匿名で語り合うサイトには、怨嗟の声が満ちてますよ。『いっそのこと死ねと言って下さい～。昨年3000億（ウォン）ほど送りましたが今年は（略）1兆2000億です』といった書き込みもありました」（同前）

こうやって集められたカネは、どのくらいの額に達しているのか。小誌は、日本の統一教会から韓国への送金額が書かれた内部資料を入手した。

ここには、九九年から約九年間の送金額が、月ごとに記載されている。もっとも多い月は○○年の四月で、百九十四億円あまり。年間でみると一番多いのは○四年で、六百六十九億円が送られている。年平均にすると、約五百七十億円。総額では、この期間だけで約四千九百億円にも達する。

霊感商法の被害救済に長年携わってきた、大神周一弁護士の解説。

「韓国への具体的な送金額がここまで明白になったのは、初めてのことです。以前に、南九州の教区から東京の中央本部への送金額を示す帳簿が明らかになったことがありますが、それを全国規模に広げれば、ほぼ同じくらいの送金額になります。

その帳簿は、霊感商法で集めた金や個人献金などを含む金額でしたから、そのようにして集められた金のほとんどが韓国へ送金されていることが、裏付けられたことになります」

送られたカネは、そのあとどこへ行くのか。韓国の統一教会は、統一教維持財団（理事長は文教祖の四男・国進氏）と、宣教会財団（理事長は韓鶴子夫人）の二つを抱えている。韓国金融監督院と民間調査機関のデータを総合すると、維持財団の資産は約一兆ウォン（七百億円）。傘下のグループ企業まで合わせると、総資産は二兆ウォン（一千四百億円）以上にのぼる。宣教会財団のほうは約五千八百億ウォン（四百億円）の資産をもち、そのうち三千五百億ウォン（二百五十億円）は現金だ（いずれも〇九年末）。

いま日本からの送金は、主に宣教会財団へ入っているといわれる。

統一教会広報局に、ラスベガスでの献金、韓国への巨額の送金、信者への献金強要について尋ねたところ、いずれについても「そのような事実はありません」とした上で、

「宣教支援を目的として、韓国教会を含めて海外支援は行われています。献金は、信者の主体的自由意志に基づいて行われています」

と回答した。

苦労ばかり強いられる日本人信者を喜ばせたニュースは、二〇一八年冬季オリンピックの開催地が、韓国江原道の平昌《ピョンチャン》に決まったこと。会場のひとつとなる龍平リゾート（ドラゴンバレースキー場）は『冬のソナタ』のロケ地として有名だ。

後継者だった三男はサタンに

経営不振だったこのリゾートを統一教会系企業の世界日報が買収したのは、〇三年二月のこと。翌々月、日本で『冬ソナ』放送開始。たちまち熱狂的なファンが、ここを聖地と押し寄せるようになった。リゾート内のホテルの売店で、日本のオバサマたちがヨン様グッズを買い漁る。その店の壁には、文鮮明教祖の揮毫が飾られていた。

韓国のネットニュース「ニューデイリー」は開催地決定の翌日、「平昌誘致最大の受恵者は統一教？」と題する記事を掲載した。主会場となるアルペンシアリゾートには江原道開発公社の投資過多が指摘されているのに対し、龍平リゾートは新規投資が少なくて済み、その分利益が多い、というのが記事の趣旨。

平昌有利と言われ始めた今年春頃から、周辺の地価は上がり始めた。統一グループ傘下の各企業の株価も、つられて上昇。三か月で二倍以上の高値をつけた企業もあり、統一教会はすでに売却益を得ている。

来年の五月から八月には、韓国南岸の全羅南道・麗水《ヨス》で海洋博覧会（万博）が開かれる。統一教会は、この地のオーシャンリゾートの開発も手がけてきた。三百万坪の土地を買い、ホテルやコンドミニアム、マリーナ、ゴルフ場などの開発に、一兆七千億ウォン（一千二百億円）以上を投資。

それぞれがもたらす経済効果は、麗水海洋博覧会が十二兆二千億ウォン（八千五百億円）、平昌冬季五輪は二十一兆一千億ウォン（一兆五千億円）と試算されている。そのうちいくらが、統一教会の懐に入るのか。

教祖一家がいま、後継問題で骨肉の争いを繰り広げているのは、こうした利権と金庫のカギの奪い合いにほかならない。

現在九十一歳の文教祖は、三番目の妻である韓鶴子夫人との間だけで、七男七女をもうけた。うち四人が死去。統一教会の教えから離れ、父親の不倫や私生児の存在といった〝理想家庭の真実〟を、アメリカのテレビで暴露した娘もいる。

後継候補は、息子の中の三人。三男の顕進氏（42）はハーバード大ＭＢＡ卒。四男の国進氏（41）はマイアミ大ＭＢＡ卒。七男の亨進氏（31）はハーバード大の比較宗教学科を出ている。

第一幕の主役は、三男の顕進氏だった。長男と次男はすでに死んでいるから、儒教社会の韓国で長兄が継ぐのは自然だ。加えて、

「息子の中で父親に一番似ている。弁が立ち、カリスマ性もある」（韓国人信者）

文教祖も当初は、四男の国進氏に経済部門を、七男の亨進氏に宗教分野を任せ、三男の顕進氏に全体をまとめさせる意向でいた。

これを面白く思わなかったのは、なんと実母の鶴子夫人。夫亡き後を顕進氏が継承すれば、自分の権力が削がれてしまうと恐れたのだという。

〇八年七月、文夫妻らの乗った自家用ヘリコプターが山中に不時着し、一行が避難した直後に爆発する事故があった。文教祖は死を身近に意識したのか、幹部百人を招いたこの年のクリスマスパーティーの席で、三人の息子を立たせ、

「これからすべての摂理は、長兄である顕進が中心になっていく」

と発表した。ところが傍らの鶴子夫人は、前もって聞かされていなかったのか、顔がこわばっていたという。

以後、後継争いは、母親の保護の下に国進氏と亨進氏がタッグを組み、長兄の顕進氏を追い落とす局面へ進んだ。

第二幕が開いたのは、昨年六月のこと。文教祖が、正式に後継者を発表したのだ。その文書には「代身者相続者は文亨進である。その他の者は、異端者であり爆破者である」と書かれて

いる。異端者・爆破者とされた顕進氏は、サタン呼ばわりまでされる破目に。

ところが、その文書を作る場面の映像がネットで公開されるや、信者の間に大きな動揺が広がった。

文教祖は、鶴子夫人に促されるがまま文書を読み上げ、ペンを取ってサインしようとしている。

四男はミスコリアとデキ婚

鶴子「日付を書いてくださらないと」
文「なんだって?」
鶴子「日付です」
文「日付がどうした?」
鶴子「二〇一〇年に宣布された、と書いてなければいけません」
文「二〇〇〇年?」
鶴子「二〇一〇年です。……一の字が抜けましたよ」
文「何月?」
こんなチグハグなやり取りが延々続く。誰が見ても、判断力を失った老人に無理やりサインさせているとしか思えない。韓国の統一教会関係者が言う。

「映像には文教祖と鶴子夫人、亨進氏の三人しか映っておらず、撮影しているのは亨進氏の妻です。鶴子夫人と亨進氏は、文書の正当性をアピールするために映像を撮って流したのでしょうが、まったく逆効果となってしまった」

結果として、宗教面の指導者に指名された末息子の亨進氏を前面に立てつつ、資金源である日本を押さえた四男の国進氏が実質的に組織を掌握。さらにその裏で鶴子夫人が糸を引く、という複雑な支配体制ができあがった。

「文教祖の子供たちはみなニューヨーク育ちで韓国語さえ不自由なくらいですが、考え方がもっともアメリカナイズされているのが国進氏。日本における反対派の活動や批判的な報道に、訴訟を含む強硬姿勢で臨む最近の方針は、国進氏の指示によるものです」（同前）

韓国の有力月刊誌『新東亜』六月号の「統一教　王子の乱」と題する巻頭特集記事で、国進氏がインタビューに答えている。

Q．現在の肩書の中で、もっとも大切なのは何か。

「銃を作る会社を運営することに楽しみを感じます」

アメリカで経営している銃器会社Ｋａｈｒ《カー》の売り上げは、年間一千億ウォン（七十億円）を超えるという。このＫａｈｒ社のポスターでボンドガールばりのセクシーポーズを決めているのは、国進氏の二番目の妻。前妻は子供ができないことを理由に、鶴子夫人によって離婚させられた。国進氏はその後、〇三年のミスコリアだったこの女性とデキ婚している。

「七男の亨進氏は、いわば宗教オタク。仏教に傾倒していて、実はダライ・ラマに心酔している。だから、説教もお経を唱えてるみたい。部屋には仏像が飾ってあるし、剃髪していた時期もある。木魚を叩きながら祈祷することもあります」（前出の統一教会関係者）

骨肉の争いは、今年に入ってさらに激しさを増した。息子たちの頼りなさと、自分からカネと権力が遠ざかっていくことに気づいた文教祖が、逆襲を開始。最後の右腕である古参幹部の黄善祚氏を国進・亨進兄弟の上に立て、親政復活を図ろうとしたのだ。

この黄氏VS国進・亨進兄弟の力比べは、文教祖VS鶴子夫人の代理戦争だった。しかし黄氏は鶴子夫人の圧力に屈し、兄弟への忠誠を約束する誓約書に、泣く泣くサインさせられてしまう。しかも非公開の約束が反故にされて文書は統一教会のホームページに晒され、黄氏は完全に失脚したと思われた。

ソウルの検察が捜査を開始

ところが文教祖は、またも反撃に出る。黄氏の誓約書の上に大きな×印をつけて「認定しない　文鮮明」と書き込んだ上、「この文書は無効だと国進に伝えよ」と宣告したのだ。

前述の映像では老いを感じさせた文教祖が、どれほど判断力を保っているのかは不明だ。だが体力はまだ十分らしく、世界各地を飛び回っている。七月には、大統領の招きでナイジェリアを訪問した。

「十七日の訓読会では三時間も話し続け、来賓は途中で帰ってしまいました。スタッフが途中で花束を渡して、お話を打ち切ろうとしたんです。ところがお父様は、その花束を投げ捨ててしまい、お話はさらに二時間続いたそうです」

こう語るのは、現場にいた人物から目撃談を聞いたという信者。翌十八日の早朝訓読会では、さらに大事件が起こった。

「この日のお話も長かった。二時間ほどたったところで、同行していた亨進様が、万歳を三唱しようとした。するとお父様は『やめろ!』とおっしゃって、亨進様の頬を強く平手打ちした。そればかりか、座っていた亨進様の奥様まで呼んで立たせ、平手打ちしたんです。この日の訓話は、七時間に及んだといいます」(同前)

日本から動員された約百人を含む多数の信者が、この場面を目撃した。

韓国人ジャーナリストが言う。

「息子たちの兄弟ゲンカで始まった相続争いが、やがて親子ゲンカに。そしていつの間にか、夫婦ゲンカへと変わっているのが不思議です。しかし遠からず実権を握るのは、鶴子夫人でしょう。そのための神格化も着々と進んでいて、信者には『昨年、神様と結婚して、神様の妻になった』と教えています」

八月十六日にラスベガスで、新しい組織が作られた。『圓母平愛財団』という名称で、理事長は鶴子夫人。

「韓国内の企業や不動産を現金化し、アメリカへ移すための受け皿ではないかといわれています。経緯は不明ですが、文教祖がこの財団に三億二千万ドル（約二百五十億円）を寄付しました。鶴子夫人は、宣教会財団に匹敵する現金を手に入れたことになります」（同前）

ところが現在、ソウルの検察がその宣教会財団を捜査中だ。事件名「特定経済犯罪加重処罰などに関する法律違反」。

「アメリカからの送金の違法性が問われ、幹部信者二人が事情聴取を受けて出国禁止状態になっています。この先、理事長の鶴子夫人や、日本からの送金にまで捜査が及べば、跡目争いはますます混沌とするかもしれません」（同前）

ジャーナリストで参議院議員の有田芳生氏が言う。

「日本の幹部の中には、三男の顕進氏についていきたいという動きがあるんです。もともと人望が高かったことに加え、毎週のように来日しては献金を強いる四男・国進氏のやり方に我慢がならないという声も強い。文教祖夫妻の意向に逆らうことになるわけで、混乱はさらに広がるでしょう」

Xデーを待たずして、「理想の家庭」を標榜してきた教祖の家族は、内部から崩壊を始めている。

3　統一協会の嘘を暴く献金極秘文書

（『週刊文春』2022年8月18・25日号）

二〇〇七〜二〇一〇年に相次いだ霊感商法の摘発。それに対し、二〇〇九年に統一教会は「コンプライアンス宣言」を行なった。だが、本当に変わったのか？　内部文書からは二〇〇九年以降も、年約六百億円という巨額の献金を集めてきたことが明らかになった。

若者が、学校や会社を突然辞めて家族と連絡を絶ってしまう「親泣かせの原理運動」が話題になったのは、一九六〇年代から七〇年代。壺や印鑑を高額で売りつける霊感商法が社会問題化したのは、八〇年代。有名人の参加で合同結婚式が騒がれたのは、九〇年代。

しかし今世紀に入ってから、統一教会（世界平和統一家庭連合）に関する報道が下火になったのは事実。自民党幹部の口から「何が問題かわからない」という言葉まで飛び出す始末だ。

霊感商法による被害は、全国霊感商法対策弁護士連絡会が集計しただけでも、一九八七年から二〇二一年までに相談件数約三万四千件、被害合計は約千二百三十七億円に上る。物品の売上や信者からの献金は、大半が韓国へ送られ、豪華な施設の建設や関連企業の経営資金、教祖夫妻のぜいたくのために使われてきた。

警察による一連の摘発を受け、統一教会は二〇〇九年二月にいわゆる「コンプライアンス宣言」を行なった。霊感商法を大っぴらにやりにくくなっても、韓国から求められる送金ノルマは減らない。その分、信者たちの苦難は増した。従来から厳しかった献金要求が、さらに厳しくなったのだ。その結果、山上徹也容疑者の家庭のような悲劇が、日本中に広がったのである。

二〇一二年二月十二日、ソウル北部地方裁判所で、ある刑事裁判の判決が下された。認定された事実として、次の文章がある。

文鮮明の指示で献金総額が決定

〈日本統一教会は、世界各国で行われる統一教会の事業を支援する募金の役割を主に担当して、本部の傘下に十二の地区、五十五の教区、二百八十五の教会で組織されており、本部の会長とは別に、顧問格の総会長が、文鮮明総裁の意を日本統一教会に伝達しながら、日本国内献金募金を総指揮してきた〉

〈日本統一教会では、各地区、教区ごとに献金目標額を設定し、募金実績を確認して、各地域、教区別に統計を反映した実績表を出しており（以下略）〉

この裁判は、韓国人信者が「日本での献金活動に関する声明書」をネットに掲載したことが、日本を支配下に置いていた文総裁の四男・國進氏への名誉毀損に当たるか否かが争われたもの。

裁判自体は、被告の無罪が二審で確定している。
右に引用した判決文のポイントは、〈顧問格の総会長〉自身の法廷証言によって、認定がなされた点だ。
日本の統一教会は、表に立つ日本人の幹部はお飾りで、韓国から派遣されてくる幹部が牛耳っている。当時、日本の責任者として全国祝福家庭総連合会総会長の職にあったのが、宋栄《ソンヨン》錫《ソク》氏。二〇一一年十月二十日、検察側の証人として法廷に立った宋総会長に対して、日本での献金の実態を事細かに尋ねる質問が続いた。
〈弁護人　日本統一教会では、十分の一条以外に、甲七号証の一上の実績Bのための献金は、随時集められましたか。
宋　随時ではなく、常にです。日本は、献金を集めて世界各国を支援しなければなりません。
弁護人　期間を特別に定めるのでもなく、一年を通して献金を集めているのでしょうか。
宋　生活化しています〉
ここで言う〈十分の一条〉とは、一般のプロテスタント教会と同じく、収入の一〇％を献金すること。〈実績B〉については、集められた献金の総額がAで、人件費などの運営費を除いた額がBだと、宋総会長は説明した。全国の教会から、渋谷の統一教会本部へ送金される額がBだ。
〈弁護人　文鮮明は包括的な意味で献金を奨励し、証人が教会長に話をして、今年の献金はこれくらいして欲しいと話しているのでしょうか。

宋　献金に関する年中統計グラフがありますが、それを見て、このくらいやってこそ、世界を助けることになるのではないかと話しています〉

〈裁判官　献金の規模や金額については、証人が、文鮮明の指示を受けて総額を決定して下部に伝えますが、証人は、文鮮明から伝達を受けて献金の使う場所や使い道について、すべて知っているのでしょうか。

宋　知っている部分もあり、知らない部分もあります〉

右の通り責任者自らの口で、日本統一教会の献金は、総額が決定され、随時ではなく常にするように督励され、実績表や統計グラフによって管理されている実態が、明かされた。

統一教会は「献金は信者本人の自由意思によるもので、いくら献金するかは各自に委ねられている」と繰り返してきた。今回も小誌の質問に「世界宣教の支援や信徒らの教化育成、教会運営などは全て信徒からの個人献金によって支えられていますので、これら活動のための献金を信徒に奨励することがあったとしても、問題があるとは考えていません」と回答してきた。

しかし現役の信者は、こう話す。

「献金はノルマです。誰がいくら献金したか記録されていて、不払い分は払い終えるまで追及される。今はみんな金欠病なので、過去に遡ってノルマをこなしている状態です」

筆者が入手した内部文書からも、統一教会の〝嘘〟は暴かれる。次に掲載するのは、宋総会

JK・KYK・CH 年間順位（12/29）

年間累計 JK　順位

	JK	B%
1	第10	138.0%
2	第1	122.5%
3	第3	116.3%
4	第2	105.9%
5	第11	102.3%
6	第7	100.2%
7	第5	98.0%
8	第8	95.8%
9	第4	93.5%
10	第6	85.8%
11	第12	80.8%
12	第9	79.2%

年間累計 KYK　順位

	KYK	B%
1	高知	272.1%
2	西北東京	204.2%
3	北長野	184.0%
4	香川	152.0%
5	佐賀	148.5%
6	三重	139.6%
7	埼玉	137.3%
8	徳島	136.7%
9	鳥取	131.5%
10	石川	126.6%
11	宮城	124.6%
12	南千葉	123.1%
13	北海道	122.8%
14	富山	121.1%

100%以上：23 KYK

100％達成 CH

3倍達成：浦和CH
札幌南CH

JK	×2	×1
1	1	6
2	2	10
3	4	18
4		11
5	2	15
6		9
7	1	4
8	1	8
9	1	10
10	4	6
11		15
12		8
計	16	120

100%達成：138 CH

表1　2011年末における地区別献金ランキング

長が法廷で証言した〈実績表〉と〈統計グラフ〉だ。二〇一二年一月五日に開かれた「全国責任者会議」で配られた「復興局報告」と題する資料の一部。

表紙を除いて十五ページあるこの資料は、二〇〇九年から一一年までの献金の報告だ。作成したのは復興局という部署で、統一教会において復興とは、献金を意味する。

表1は、二〇一一年末における地区別献金のランキング。この頃、統一教会の組織は、北海道から九州まで十二の地区（JK）に分けられ、その下に六十四の教区（KYK）があり、二百八十七の教会（CH）があった。

左側の表でランキングされているB%とは、地区や教区から本部へ送金される金額の目標に対する達成率。一位になっている

年度別TD推移

IN	2009	2010	2011
TD in	445	475	498
KI	93	49	32
1/10	18	25	31
D	585	575	594
TD in 前年比	―	107%	105%

総入金〔D〕に対する全体比
◇KI%：16%→9%→5% 減少
◇1/10 K：3%→4%→5% 上昇
◇TD in 2009年比：12% 増加

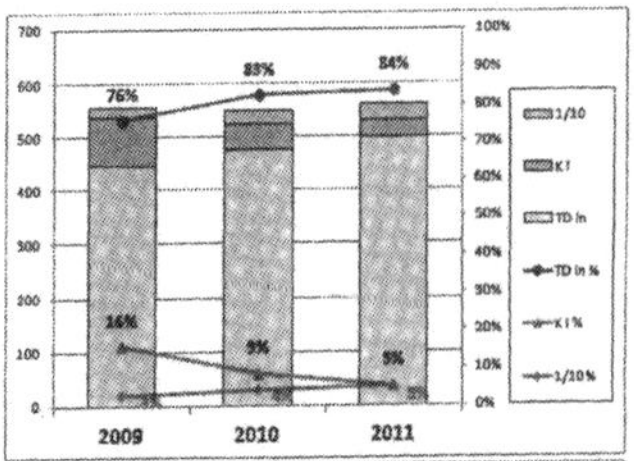

OUT	2009	2010	2011
TD	230	255	295
KH	170	163	169
HS	145	132	105
HK	32	27	21
TD 前年比	―	111%	116%

総入金〔D〕に対する全体比
◇HS＋HK：30%→28%→21% 減少
◇TD%：39%→44%→50% 上昇
◇TD 2009年比：27% 増加

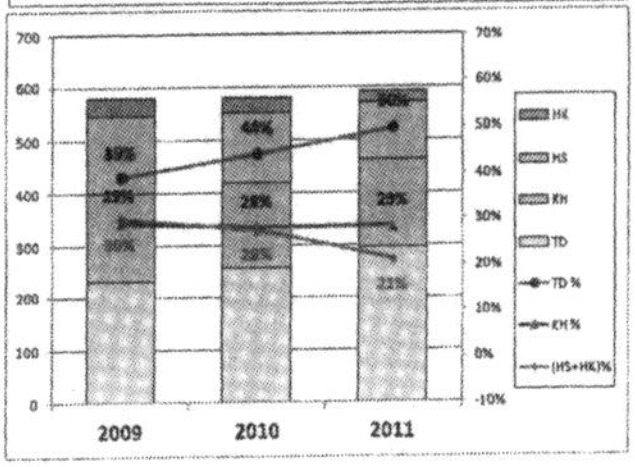

表2　2009～2011年の献金額と支出の内訳

第10地区は、四国のこと。最下位の第9地区は京阪神だ。

一番右は、目標の一〇〇%以上を達成した教会が、地区ごとにいくつあったかを示している。企業が、営業所のセールス実績を競わせているかのようだ。

表2は二〇〇九年から一一年にかけての、年度ごとの献金額と支出の内訳を比較している。「年度別TD推移」の「TD」とは「Thanks Donation =感謝献金」の略だ。以下に記した金額は、表内の二〇一一年のもの。

借金をしてノルマを果たす

左上は信者からの集金の内訳だ。

・TD in——感謝献金。四百九十八億円。

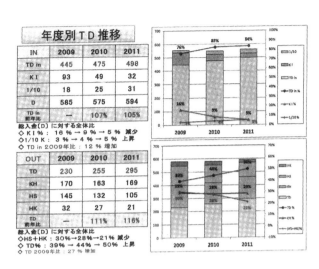

・ＫＩ――個人や金融機関からの「借り入れ」を示す。目標額の献金ができない場合、信者は借り入れをしてノルマを果たすことがある。三十二億円。
・１／10――収入の一〇％の献金で、三十一億円。
ＴＤ、ＫＩ、１／10、その他を合計した額がＤで、集金の総額を示す。二〇一一年の総額は、五百九十四億円に達している。

左下の表は支出の内訳だ。
・ＫＨ――「経費」。人件費を含む運営費のこと。百六十九億円。
・ＨＳ――左上の表の借り入れ（ＫＩ）に対する「返済」。百五億円。「ＫＩ」に対する比率の高さから、多額の借金を抱えていることがわかる。
・ＨＫ――法的な問題が生じて支払った「返金」。訴訟や、弁護士からの返金請求に応じて払った額で、二十一億円。
以上の三つや他の支出を除いた金額が、左下の表のＴＤで、本部へ送られる金額を示す。二百九十五億円。

右側の棒グラフは各年の合計額で、折れ線グラフは比率の推移を表している。

統一教会は、「当法人が作成した資料ではありません。また、当法人が『全国の地区や教会を献金額によってランキングしている』といった事実はありません」と答えた。

宋総会長の法廷証言も、これだけの額の集金も、彼らの言う「コンプライアンス宣言」以後に行なわれたものだ。二〇〇九年以降の三年間にも約六百億円ずつ集めたのだから、何が改まったといえるのか。

しかも資料にある献金額は、末端の教会から教区を通して本部へ送られる、いわば〝正規ルート〟のお金。下火になったとはいえ霊感商法の売上は、別にある。

また、信者が韓国を訪れる際に持参する現金も、ここには含まれない。先祖解怨式などのイベントに参加するために、信者が負担する費用だけではない。出国時に空港で封筒を渡され、韓国に入国すると回収される場合がある。中には、外為法が届け出なしで個人が持ち出せる限度と定めている百万円を超えない現金が入っている。

現在、日本の信者には、韓国の聖地・清平《チョンピョン》に建役中の「天苑宮」のための献金ノルマが課されている　金額は、一世帯あたり百八十三万円。文教祖が存命なら来年（二〇二三年）で百三歳。これに、韓鶴子総裁の年齢八十を加えた金額だ。期限は、完成予定の来年五月五日。この日は旧暦の二月十六日で、文教組夫妻の聖婚（結婚）記念日に当たる。

この教団の体質は、何も変わっていない。

第 2 章

社会に深く根差した統一教会

1　統一教会・文鮮明の飽くなき欲望

（『別冊宝島』Ｒｅａｌ１０７６　平成日本タブー大全２００８）

聖本一冊三〇〇〇万円！

一冊三〇〇〇万円という法外な値段の経典を統一教会（世界基督教統一神霊協会）が売り始めたのは、一九九九年のこと。文鮮明教祖の説教集七冊を合本し、文教祖がサインして通し番号を打ったものを「聖本」と称したのだ。日本には、三六〇〇冊の販売ノルマが課せられた。つまり、「一〇八〇億円を献金せよ」という命令に等しい。「聖本の意義」と題する信者向けの内部文書には、こうある。

「日本列島全体を売ってでも勝利しなければならないのが今回の（略）『聖本』摂理である」

その後には、一冊四三〇〇万円の『天聖経』も登場。こちらは、すべての信者の家庭に一冊ずつ必携とされた。

しかし、買わされるのは信者だけではない。三〇〇〇万円の「聖本」を、一人で十一冊も売りつけられる霊感商法被害が発生し、損害賠償の訴訟が起こされた。

ターゲットにされたのは、九州に住む四十代の女性。重篤な病状の養母の命が、手術で助か

るかどうかという二〇〇〇年四月、遠方に住む統一教会員の親族が、突然「教会の偉い人」という二人を連れてきた。二人は、

「神の啓示によってお母さんの命を助けるために来た」「お母さんが病気で苦しんでいるのは、先祖の罪を一人で背負っているからだ」

と、マニュアルどおりの因縁トークを展開。「聖本」に病気を治す力がある、と信じ込ませた。そして、まとめて十冊分、なんと三億円を養母の預金から献金することを、一日のうちに承諾させたのだ。なんとしても養母を助けたい心の弱みに付け込み、冷静に判断するヒマを与えない、典型的な霊感商法である。

この女性が養母と共に数億円の遺産を相続していたことは、むろん調査済みだったにちがいない。二人は、統一教会の教域長と教区長の妻という幹部信者であり、病院前のホテルを予約して、長期間滞在できるようにしていた。

幹部信者らは女性に入信を勧め、信者教育を始めた。その間、今度は女性の実父が病気で入院すると、

「実家にも聖本を一冊入れないと、実父の命は助からない」

と言って、聖本一冊分に当たる約三〇〇〇万円を献金させた。

被害はそれからも続いた。女性が相続した遺産を巻き上げると、養母の委任状を偽造して預金を下ろして献金することまで強要。被害の総額は四億四〇〇〇万円にまで達した。

騙されたことに気づいた女性は、○七年二月に提訴。裁判が続いている。

「以前の統一教会は、霊感商法への組織ぐるみの関与をごまかすため、公的な職につく信者は表に出しませんでした。しかし最近は、教区長や教会長といった公的立場の人物が、献金強要や物品販売の現場に自ら関わるケースが増えています。組織的関与を否定する方針を諦めたのでしょうか」

こう語る弁護士も所属する「全国霊感商法対策弁護士連絡会」（全国弁連）が結成されたのは、八七年のこと。以来二十年、各地の弁護士や消費者センターに寄せられた被害相談の件数は、およそ二万九千件。被害金額は、ついに一千億円を超えた。

○七年だけでも千二百件あまりの相談があり、被害額は四十億八千万円。この三年、再び増加に転じている。しかもこれらの数字は、相談によって表に出た件数と金額にすぎない。実際の被害は、この何倍あることか。

かつて霊感商法の代名詞だった壺、印鑑、数珠、人参茶などを売りつけるやり方も健在ではあるが、いま圧倒的多数を占めるのは、現金をそのまま献金させる手口だ。次いで多いのが借り入れ。自宅などを担保に金融機関から金を借りさせ、差し出させるのである。引き込む手口は、以前は手相や姓名判断を使うケースが多かったが、最近は風水がそれに加わっている。

またこの数年、ソウルから車で二時間ほどの江原道《カンウォンド》・清平《チョンピョン》にある修練所での被害額が増加している。年に二度も三度もツアーを組んでここを訪れ、先祖解怨式、先祖祝福式などと段階ごとに大金を払わされる仕組みだ。

今も絶えない霊感商法被害

こうした被害に対して数多くの訴訟が起こされ、統一教会側の敗訴が確定した判決も多い。献金の勧誘から、物品販売、合同結婚式、伝道の方法に至るまで、統一教会が行なう活動のほとんどについて最高裁が違法性を認め、法人としての使用者責任があると断じているのだ。

〇八年四月には、統一教会側が実際の損害額を上回る金額で示談に応じたケースが、注目を集めた。

姓名判断をきっかけに、「先祖の武士がたくさんの人を殺したから、子孫に絶家の相がある」などと脅された、千葉県の六十代の女性。印鑑やネックレスを買わされたほかに約一億九千万円を献金し、総額で二億二千万円の被害を受けた。騙されたと気づいた〇六年八月、弁護士を立てて被害回復の交渉を始めた。教会側の提示額は最高一億三千万円で、平行線だった。

ところが――。

女性側は、被害額に慰謝料などを加え二億六千万円の賠償を求める訴状の案を作った。「この被害は、宗教法人を所管する官庁の怠慢によっても生じた」として、文化庁、文部科学省をも被告とし、その案を送付した。すると、統一教会側の態度が一変。一億八千万、二億、と言い値を吊り上げ始めたという。結局その金額は、実損額を一千万円も上回る二億三千万円まで上がった。

統一教会はこの件について、「信者間の和解で、当法人は関係ない」とするコメントを出した。しかし、法人としての統一教会が所有する不動産が担保に差し出されている一点を見れば、このコメントはウソだとわかる。しかもその不動産は都内の教会施設で、千葉が舞台のこの件とはまったく無関係だ。

訴訟を経ずに実際の被害額を上回る額で示談に至るのは、非常に稀な例だという。なぜ、こうなったのか？　全国弁連の別の弁護士が明かす。

「訴状案を受け取った文化庁の担当者が、統一教会の総務局長を呼びつけて、事情を質したんです。文化庁、文科省が共に被告になる事態を、統一教会はなんとしても避けたかった。文化庁には、宗教法人に問題があれば質問や調査をし、事業停止を命じたり、裁判所に解散命令を申し立てる権限があるからです。だから本訴になることを回避するため、実損額を上回る示談に応じたというわけです。

しかし文化庁は、これまで我々が再三申し入れても、統一教会に対してまったく動いてくれない。これはこれで、大きな問題です」

こうした統一教会側の弱腰は、今後変わるかもしれない。裁判や示談交渉を担当する総務局長が〇八年六月に交代し、強硬派が返り咲いたのだ。

「和解ばかりしていて、いくらカネがあっても足りないと、文教祖の不興を買ったようです」（統一教会に詳しいジャーナリスト）

一方で、統一教会のダミー会社によるこうした霊感商法に、ようやく警察が目を向け始めた。手始めは沖縄県警だった。〇七年秋、「買わないと悪いことが起きる」などと言って水晶玉や印鑑の購入を迫ったとして、「天守堂」の代表者と販売員五人を特定商取引法違反の容疑で逮捕。

〇八年二月には、長野県警生活環境課と松本署が、不安をあおって高額な印鑑を売りつけたとして、松本市にある「煌健舎」の販売員五人を逮捕した。

同月、警視庁公安部は、NGOを名乗ってハンカチや靴下を訪問販売している世田谷区の「しんぜん会」を住居侵入の容疑で家宅捜索。やはり同じ月、人参茶を販売するさいたま市の「アイジェイヘルシーフーズ」にも、薬事法違反の容疑で強制捜査が入った。各地での摘発は、〇九年に入っても続いている。

「警察庁から各県警に指示が出ていることは、間違いありません。全国にヒーリングサロンを展開して霊感商法を行なっていた『神世界』に、〇七年末から捜査が入っています。これを立件し、次はいよいよ統一教会だと言われています」（同前）

神世界の霊感商法は、「あなたの会社のビルは、江戸時代に首切り場だった。たくさんの霊を供養するために、たくさんのお金がいる」といったもので、統一教会のマニュアルを盗んだかの如く似ている。

いわゆる霊感商法被害の九割が、統一教会によるものだ。後発の神世界を検挙しておいて、本家本元をいつまでも野放しというわけにはいかないだろう。

統一教会の信者が自治体の首長や議員に

「そうした警察の動きを報告するため、日本統一教会の大塚克己会長は、ハワイ滞在中の文教祖に極秘で会いに行きました。文教祖は、『国会議員などへの働きかけが足りないからだ』と激怒したそうです」（同前）

かつて統一教会は、対立候補のポスター剥がしなど汚れ役も厭わない信者を、ボランティアとして自民党候補者の選挙運動に動員し、当選すれば秘書を送り込んで、影響力を行使してきた。八〇年代後半には、百人以上の自民党国会議員に信者の秘書がいたといわれている。〇六年には統一教会関連団体のイベントで、安倍晋三官房長官（当時）や中曽根康弘元首相らの祝電が披露されて問題になった。

また、最近何かと北朝鮮問題に口を出したがる山崎拓・前自民党副総裁。〇七年の訪朝は米『ワシントン・タイムズ』朱東文《チュドンムン》社長の手引きによるものだった。同紙は世界日報やＵＰＩ通信と共に統一教会が保有するメディアの一つで、朱社長は教会の幹部だ。山崎氏の唱える対話路線が、統一教会の北朝鮮進出を利するためでなければいいが……。

　さらに最近では、信者自身が自治体の首長や議員になる動きが相次いでいる。
○七年四月、三町合併で誕生した鹿児島県さつま町の初代町長に当選したS・I氏は、印鑑や念珠を販売する会社の取締役を務めた人物。七〇年の七七七組合同結婚式に参加した古参信者だ。
○八年四月、愛知県碧南市長に当選したM・N氏は、八二年に行なわれた合同結婚式の参加者。韓国人の夫人は韓国語教室と称して人を集め、手相を見るなどして信者に勧誘している、との情報もある。
〝疑惑〟の国会議員もいる。○七年の参院選に民主党から出馬し、比例一八位で当選した室井邦彦氏（元衆院議員）。自由党時代から、小沢一郎代表の側近として知られている。

「後援会が発行したというチラシに、二枚の写真があります。一枚は、室井氏が男性からネクタイを締めてもらっている。その男性は任導淳《イムドスン》氏という韓国人で、肩書きは『全国祝福家庭総連合会総会長』。簡単に言うと韓国から送り込まれた、日本統一教会の実質的な責任者です。もう一枚は室井氏が、韓国の清平にある施設・天正宮博物館をバックに写っている。

　この件を報じた『週刊新潮』の取材に対して、室井氏は『信者ではありません』と否定しました。しかし一緒に写真に写っている任氏を誰だか知らないというのは、苦しい弁明と言うほかない」（日本の統一教会関係者）

韓国政界進出計画の顛末

文教祖のお膝元・韓国では、もっとストレートに政治に食い込もうとし始めた。〇八年四月九日に行なわれた総選挙に、自前の政党「平和統一家庭党」を立ち上げて挑んだのだ。

韓国で統一教会は、九七年に名称を「世界平和統一家庭連合」に変更している。政党名は、この名称にちなんだものだ。ちなみに、ほかの国でも次々とこの名称に変更したが、日本では文化庁がOKを出さずにいる。

平和統一家庭党は、二四五の小選挙区すべてと、比例区に十三人の候補を擁立した。候補者が掲げた公約には、「農村部の独身男性に、無償で花嫁を世話する」というものもあった。合同結婚式を国家事業にしよう、というわけである。

日本の信者には、「緊急激戦後方支援」と称する、お決まりの献金ノルマが課せられた。教区ごとに千二百万円。各家庭に三十万円。この選挙には二百五十億円以上が注ぎ込まれたといわれるが、ほとんどが日本からの献金で賄われたと考えていい。

「政界進出は、一月に文教祖が突然言い出したこと。『神から、早く天一国（神の国）を建設するよう催促があった。大丈夫。みんな投票するよ』と楽観的でしたが、党の総裁に指名された大幹部の郭錠煥《クァクチョンファン》氏は最初から、『勝ち目のない戦いだ。大変なことになった』と頭を抱え

ていたんです」(同前)

四十人の当選を目指すとしていたのに、結果は一人残らず落選。得票率でも全体の一・〇五%に留まる惨敗だった。二%以下の政党は存続を認められないため、「平和統一家庭党」は解散に追い込まれた。

「統一グループは韓国で多数の企業を持ち、全体の年間売上げは一兆ウォン(約一千億円)。従業員や家族に信者を合わせれば六十万人いると称していたのに、十八万票しか獲得できなかった。信者の間には衝撃が走りました。

文教祖も激怒。比例一位の郭総裁と、二位の黄善祚《ファンソンジョ》氏を更迭。このとき、日本の大塚会長も北東アジア祖当に飛ばされました」(韓国の統一教会関係者)

代わって日本の会長に就任したのは、徳野英治氏。かつて「文先生のためならビルの五階から飛び降りる」と語ったという徳野氏は、五四年生まれで富山大学経済学部出身。原理研究会の所属が長く、〇六年からはアフリカ大陸会長という職にあった。霊感商法を巡る裁判では何度も法廷に立ち、物品販売やカネ集めが組織ぐるみであることを認める証言をしている。

「しかし日本の実権は、韓国から送り込まれた幹部に握られています。前責任者の劉大行《ユテヘン》が九年も君臨し、韓国人支配の組織に作り変えた。強引な資金集めを行ない、一冊三千万円の聖本販売の張本人でもあります。

現在は、文鮮明夫人の韓鶴子、その母親の側近だった金孝南《キムヒョウナム》、任導淳の妻の沈雨玉《シムウォク》という

三人の女性が、完全に日本を牛耳っています」(同前)

日本で吸い上げたカネを韓国で巨額投資

この選挙では、意外な事実も明るみに出た。法律に基づいて候補者が公開した、多額の個人資産だ。

比例一位の郭錠煥総裁は、文教祖の後継と目される三男・顕進氏の妻の父だ。〇五年から、韓国プロサッカーリーグ・Kリーグの会長も務めている。その郭氏の資産は、六億三千万ウォン(約六千万円)。二位の黄善祚氏は前本部教会長で、二六億三千万ウォン(約二億六千万円)。四位が前の日本の総責任者だった劉大行氏で、二十一億九千万ウォン(約二億二千万円)。七位は現在日本を牛耳る沈雨玉女史で、十五億三千万ウォン(約一億五千万円)だった。

ある日本人信者はショックを隠さない。

「幹部は教会の仕事に専従する献身者だから、個人資産を持たない建前なのに……」

全羅南道《チョルラナムド》・馬山《マサン》市では、三人の日本人信者が選挙違反で検挙され、書類送検された。公職選挙法で、外国人の選挙活動は禁止されているのだ。三人とも、合同結婚式で彼の地の男性に嫁いで渡韓した女性信者。こうした日本人女性信者は六千人もいて、在韓邦人女性の半数を占めるといわれる。

献金ノルマ、幹部の資産、選挙違反――どれをとっても日本人信者が被害者になっている構図が、いまさらながらに浮かび上がる。

そんな日本人信者の〝努力の甲斐〟あって、韓国では経済面の伸張ぶりが窺える。ソウル市内を流れる漢江の中洲・汝矣島《ヨイド》に、関連団体のひとつ統一教維持財団所有の十九万五千坪もの土地がある。ずっと駐車場になっていたこの場所で〇七年六月に起工式が行なわれ、ツインタワービルの建設が始まった。

九九年間の長期賃貸契約で、スカイレンという不動産開発会社に貸し付けたプロジェクト。スカイレン社は統一教会との関係を否定しているが、同社の会長夫妻は信者だといわれている。

地上は七二階建てと五四階建てで、地下は七階。オフィス、マンション、ショッピングモール、四百室の五つ星ホテルなどが入る計画で、完成は一一年の予定だ。工事は三星物産建設部が手がけ、総工費は一兆五千億ウォン。完成すれば、韓国で一番高いビルとなる。統一教会には、どのくらいの金が転がり込むのか。

もう一つ見過ごせないのが、一二年の万国博覧会開催が決まった全羅南道・麗水《ヨス》市への投資だ。

「万博には、実は二種類あります。世界博覧会事務局が公認する『登録博覧会』が格は上で、〇五年に開かれた名古屋のあとは一〇年の上海。麗水市が開催するのは、下のランクの『認定博覧会』です」（外信部記者）

統一教会はこの麗水市のオーシャンリゾート開発に、巨額の投資を行なってきた。三百万坪の土地を買い、一兆七千億ウォン（約千七百億円）を投じて、四三階建てのホテルやコンドミニアム、ゴルフ場、マリーナ施設などの建設を進めている。事業者は、統一教会系企業の株式会社イルサン。同社の会長は、総選挙で比例二位だった黄善祚氏だ。起工式では、「この事業は我が文鮮明総裁の世界平和事業の一環として始まった」と挨拶したという。

〇五年六月に開かれた事業説明会には、文教祖が直々に出向き、「観光開発と共に、ここを統一グループのメッカにする。そのための三億ドルの資金を日本の銀行に預けてある」と演説している。

「その後も文教祖は、しばしば麗水を訪れています。理由は、太刀魚釣りのために〇七年に購入したばかりの十トンの漁船『ニューホープ2号』が係留してあるからですが（笑）」（韓国の統一教会関係者）

麗水への投資には、日本から二千四百億円あまりが集められたといわれる。一二年の万博では、多額の金が転がり込むことが予想される。

ＦＩＦＡ公認の国際サッカー大会まで主催

統一教会の内部機関誌『ファミリー』の〇三年九月号に、文教祖のこんな言葉が載っている。

「今から、オリンピック大会も、わたしの手で、FIFA（国際サッカー連盟）も、サッカー競技も、わたしの手で消化するでしょう」

一〇年、一四年と冬季五輪開催に立候補しながら二度とも逃した江原道の平昌《ピョンチャン》。その中心は『冬のソナタ』のロケ地として有名になったスキーリゾート龍平（ドラゴンバレー）だが、ここはほとんど統一教会系企業の所有だ。ヨン様グッズが並ぶ売店に、文教祖の揮毫が飾られていたりする。

〇三年からは一年おきに、ピースカップコリアというFIFA公認の国際サッカー大会を主催している。〇七年には初めて日本から、清水エスパルスが出場した。開会宣言は文教祖。優勝チームを表彰するのも文教祖だ。賞金は二百万ドル（二億一千万円）。そのカネがどこから来るか、改めて言うまでもないだろう。

前述したように、韓国プロサッカーKリーグの会長は郭錠煥氏だ。さらに統一教会は、城南一和天馬というチームも持っている。豊富な資金力にモノを言わせてスター選手を集め、リーグ三連覇二回。〇六年にも優勝し、「韓国のレアル・マドリード」と呼ばれているとか、いないとか。

北朝鮮利権からも目が離せない。

北側の平安北道《ピョンアンプクド》・定州《チョンジュ》が生まれ故郷の文教祖は、早くから北朝鮮への投資を進めてきた。九一年には自ら訪朝して、金日成《キムイルソン》主席と会談。三五億ドルの支援を約束した。

その金主席が九四年に死去した際、北朝鮮政府からの招待状を手に韓国人として一番先に弔問に駆けつけたのは、当時ナンバー2の朴普熙《パクボヒ》・世界日報社長だった。どちらの訪朝も韓国政府の許可なしで行なわれ、国家保安法違反の疑いがかけられたが結局お咎めなしで終わっている。

○三年一二月、平壌市内に初めて商業広告の看板が掲げられた。それは、統一教会と北朝鮮の合弁会社「平和自動車」が生産するセダン「フィパラム（口笛）」の看板だった。

「北の労働党幹部は、みんな平和自動車の車に乗っているそうです。現在、北への送金は、この平和自動車が最大の窓口となっています」（前出のジャーナリスト）

○八年六月には、平和自動車の朴相権《パクサングォン》社長が文教祖に、五階建ての平壌教会堂（世界平和センター）が落成したことを報告している。

文教祖が三十年来悲願とする事業に、日韓トンネル構想がある。玄界灘にトンネルを通して佐賀県と釜山を結ぼうという計画。むろん実現性はないのだが、最近は「ベーリング海峡にもトンネルを掘って、米露を繋ぐ」と言い出したらしい。ロシア側の工事担当は日本だとか。韓国での政界進出もそうだが、最近は思いつきの発言が多く、周囲を困らせているという。

気になる後継者の行方

文教祖は八八歳になった。数年前から健康不安も囁かれ、後継者問題が目前に迫る。〇八年四月、長男の孝進《ヒョジン》氏が四五歳で死亡した。大幹部の娘と結婚したが、酒やドラッグ、浮気にＤＶ（ドメスティックバイオレンス）が理由で逃げ出され、裁判を起こされて離婚した不肖の息子だった。

「文教祖には、公には十六人の子どもがいますが、亡くなったのは五人目。離婚も四人。四女の恩進《ウンジン》は棄教し、離婚した孝進の妻とともにアメリカＣＢＳテレビに出て、父親が再臨のメシアではないこと、私生児がいることなどを暴露しました。

これが、信者が崇める〝理想の家庭〟の実態ですよ」（前出の弁護士）

では、後継問題はどうなるのか。

「これまでは、統一教維持財団を中心とする経済面を四男の國進（七〇年生まれ）が継ぎ、表の教会分野は末息子である七男の亨進（七九年生まれ）。全体の後継者は、三男の顕進（六九年生まれ）だと見られていました。

ところが〇八年四月、末息子の亨進が、世界平和統一家庭連合の会長に就任。組織上は、グループ全体のトップです。その就任式に、兄の顕進は参加しませんでした。そして翌五月、顕進が世界大学原理研究会世界会長の職を解かれました。

四男の國進と末息子の亨進が手を組んで顕進の追い落としを図っているのではないか、という見方も出ていて、跡目争いは混沌としてきました」（同前）

さらに大きな〝異変〟があった。

○八年七月六日、およそ一年ぶりに合同結婚式が行なわれた。一五三組のカップルを前に主礼を務めたのは亨進氏夫妻だった。統一教会にとって最重要行事の合同結婚式を文教祖の子息が執り行なったのは、五十年近い歴史で初めてのこと。後継者として末息子が急浮上した、と見ることもできるが、最近では「三人の息子のトロイカ体制になるのではないか」という見方も出てきている。

○八年六月十三日、文教祖は記念行事に集まった信者を前に、こう演説した。

「二〇一三年一月十三日までに、すべての国で祝福完了し、神様の国を奉献しなければならない」

自らの寿命をあと五年と予告し、「もっとカネを集めろ」と檄を飛ばしたものと解釈される。もっともこのとき、三〇分も元気に喋り続けたというから、その独裁が当分続くことは間違いなさそうだが。

2 韓国・統一教会の金満宗教タウン

（『宝島』2010年6月号）

韓国では「企業グループ」として認知されている統一教会。その運転資金になってきたと指摘されるのが、日本で収奪されてきた霊感商法の〝水揚げ〟や日本人信者からの巨額献金。韓国における統一教会の金満ぶりを炙り出す！

八百万坪の土地が統一教会一色に

去る二月二十一日、韓国ソウルの龍山区漢江路に、統一教会（世界基督教統一神霊協会）の新しい本部教会「天福宮」が完成し、式典が行なわれた。地上四階地下一階、延べ面積は八千三百平方メートル。龍山区民会館だったこの場所を一年前に八百五十億ウォンで買い、百億ウォンをかけて改修したものだ。合計すると日本円で約八十億円に上る費用は、すべて信者や篤志家からの献金だという。

ソウルから東へ六十キロメートルほど離れた京畿道加平郡の清平には、一大「統一教会タウン」がある。一万二千坪の敷地に建坪九千二百坪、ホワイトハウスに似せて作られた天正宮博物館は、文鮮明教祖（90）夫妻の住居だ。世界各地から訪れる信者が修練会を行なう施設・天宙清平修練苑の中心に建つのは天城旺臨宮殿で、八千人を収容できる聖殿と、千六百人が同時に食事できる食堂がある。

そのほか、近くには清心国際病院や〇六年に開校した清心国際中高等学校、清心神学大学院。幼稚園に保育園、老人ホーム、職員宿舎まで付設されている。

清平が「聖地」となった由来は、一九六五年、文教祖が趣味の釣りのために漢江をさかのぼり、テントを張ったことにあるのだとか。今では、統一教会が所有する土地は八百万坪に及ぶと言われる。

「何もない田舎に山を切り開いて作ったので、高速道路が通る前は交通も不便でした。しかし豪華な建物の数々を目にすると、真のお父様（文教祖のこと）の力を感じ、感動に震えたものです」（元信者）

現在も、一三年一月完成予定で清心平和ワールドセンターの建設が進む。建築面積五千坪、オペラやコンサートができる中央ステージ、各種室内競技用の競技場、展示会場などを備え、最大二万五千の観覧席を設置できる。建設費は二千五百億ウォン（約二百億円）だという。

日本は「父」の国・韓国に大きな罪を犯した

こうした新しい建物の建設など、理由をつけては多額の献金を求められてきたのが、日本の信者だ。韓国キリスト教統一教対策協議会の英仙《ヨンソン》事務総長が語る。

「天宙清平修練苑だけで、建設に三千八百億ウォン（約三百億円）かかったと聞いている。資金源のほとんどは、日本の信者からの献金だ。私が統一教会にいた十年ほど前、世界日報の赤字が五十億ウォンあったが、日本の信者の献金で補填したという噂を聞いた」

元信者の日本人女性が振り返る。

「統一教会では、『日本は、父の国である韓国に対して大きな罪を犯したので滅びる運命にあったが、文先生が神様にとりなしてくれたために救われた。しかし献金摂理に勝利しなければ、今度こそ神様に見捨てられてしまう』と教えられるのです。

加えて、『日本人の女性には、従軍慰安婦や強制連行された韓国人女性の霊が乗り移っている。それを除霊しなければならない』と再三脅されます。除霊のために必要なのは、もちろん献金です」

清平での修練会で、体調を崩した六十代の日本人女性がいた。病室を訪れた韓国人の女性幹部から「従軍慰安婦の悪霊が憑いた。あなたが財に執着するからだ」と脅されたこの女性は、たちまち恐ろしくなって、その場で千二百万円の献金を承諾せざるをえなかったという。

もうひとつ、信者が清平を訪れる大きな目的に、地獄で苦しんでいる先祖を救うためと称する先祖解怨式がある。

「この儀式を行なわずに霊界へ行くと、先祖から深刻な讒訴《ざんそ》を受けることになる、という教えです。七代前までの先祖の恨みを解くために、七十万円の献金が必要とされます。父方の両親と母方の両親、つまり四つの家系について行なうので、二百八十万円かかる。これを百二十代前の先祖までさかのぼって繰り返し行なうように勧められるので、何度も献金を重ねて清平へ行く必要があるのです。ただしこの金額は日本人信者だけで、韓国人は十分の一です」（同前）

日本全国での摘発によって霊感商法の売上げが激減した今、信者からの献金は、ますます重要となっているに違いない。

霊感商法問題を追及してきた弁護士が指摘する。

「最も被害が多かった一九七五年からの十年あまりは、毎月五十億から百億円が送られたと言われます。今でも、年に百億円は送られていると推測されます。

金の集め方の違法性、脱税疑惑のほか、外為法違反の疑いも強い。かつて合同結婚式の参加者がソウルへ渡る際、成田空港で全員に白い封筒が配られ、韓国入国後に回収することがあった。中身は五十万～百万の現金だった」

日本からの送金をバックに企業家としての名声を獲得

韓国において統一教会は、宗教団体というより企業グループとして知られている。統一グループのホームページには、別表の十四社が名を連ねている。このほか、北朝鮮との合弁会社・平和自動車が、「稼動六年で初めて、収益金五十万ドルを平壌支社から韓国の本社へ送金した」と、昨年七月に韓国メディアが報じた。

ソンウォン建設	鮮文大学、清心国際中高等学校、金浦空港産業団地などを施工
世界日報	機関紙誌の発行、販売
セイルロ	施設管理およびホテルなどに家具納品
世一旅行社	海外・国内旅行業務全般ほか国際会議など
アジアフォーラム	水産物流通および養殖
龍平リゾート	『冬ソナ』のロケ地として有名。18年の冬季五輪開催地・平昌の一画
イルサン海洋産業	万博開催地、韓国南部・麗水市のリゾート開発
一信石材	石山開発、生産、販売、施工など
一和	韓国人参加工、輸出
JC	金属表面処理剤などの開発、製造
統一スポーツ	Kリーグの城南一和天馬プロサッカーチーム運営
平農	農地開発などを行なう農業専門会社
ピョンイル企画	HD映像企画、撮影、編集。民放のドキュメンタリーやサムスン電子LDC広報映像制作など
TIC	自動車部品、工作機械のパーツ製造など

「文教祖は、成功した企業家として財界や政界、言論界に影響力を駆使するため、日本からの送金を常に必要としてきたのです」(同前)

今、統一教会の経済分野を父親から引き継いだのが、四男の國進氏(39)だ。○五年、統一教維持財団の理事長に就任した。

今年二月八日の「韓国経済新聞」に載った國進氏のインタビュー記事には、統一グループの現況(○九年末)は資産が一兆七千三百六十一億ウォン(一千三百九十億円)で、売上高が四千九百七十二億ウォン。資産のうち、リゾート部門が一兆二千二百五十億ウォン。統一教財団が保有する土地は全国に四千六百二十万平方メートルある、と書かれていた。

姿を見せなくなったのが、九十歳になった文教祖。韓国の統一教会関係者によれば、

「ずっとラスベガスでギャンブル三昧でしたが、最近になって、膀胱がんだというウワサが流れています。清平の清心国際病院に入院していたが、治療のため三月十日に渡米したとも聞きます」

世代交代はすんなり進むのか? そのあと、日本への献金要求は減るのかどうか?

3　パラグアイ誘拐　統一教会大幹部に文鮮明が支払う身代金

（『週刊文春』２００７年４月19日号）

「私たちの新聞が『身代金は三十五万ドル（約四千二百万円）で犯人側と合意した』と書いたのは、ビクトリア社の関係者がそう語ったからです。六日以降、日本の外務省から口止めされて何も話さなくなりましたが、会社側がお金を用意したらしいので、解決は早いと思いますよ」（現地大手紙『ウルティマオラ』フレディ・アギレラ記者）

南米パラグアイで一日に発生した日本人誘拐事件。被害者は統一教会（世界基督教統一神霊協会）信者で、教会が同国に持つ土地を管理するビクトリア社の太田洪量《ひろかず》社長（62）と、同じく信者で同社社員のＹ・Ｓさん（37）。たまたま現場を通りかかった非番の警官とその恋人も、一緒に連れ去られた。

当初はこの国での〝相場〟とされる二万五千ドル（約三百万円）だった身代金の要求額は、誘拐後に太田氏の身元を知ると次第に釣り上がり、七十五万ドル（約八千九百万円）にまで達したともいわれる。

「太田氏は京大原理研究会の出身で、全国大学連合原研の会長や国際勝共連合の理事長を務

めた古参の大幹部。一九七〇年の七百七十七組国際合同結婚式に参加しています」（ジャーナリスト・有田芳生氏）

太田氏に、もう一つの大切な使命があることはまったく報じられていない。

先月十五日付けの統一教会内部機関紙『中和新聞』に、こんな記事がある。

〈パラグアイでは、韓国人国家的メシアの文平来先生と、日本人国家的メシアの太田洪量先生を中心に、2012年までに120教会の献堂を目指して伝道に励んでいます〉

現在、国内に二十一の教会があるという。〝国家的メシア〟とは、文鮮明教祖から任命された海外宣教の責任者を指す。

統一教会の南米進出は、九〇年代半ばに本格化。韓半島から見てちょうど地球の裏側に位置するため、〝神の国を建設する地〟と重要視された。

ウルグアイには十年間で二億ドルもの投資を行ない、土地だけでなく銀行、ホテル、新聞社などを買収。さらにブラジル、パラグアイ、ボリビアの国境に広がる大湿地帯パンタナールを〝新エデンの園〟だとして、ブラジル側に八十万坪の土地を購入し、牧場や農場の経営を行なっている。

パラグアイでも千葉県に相当する六十万ヘクタールもの土地を持ち、信者たちは暑さと蚊の大群に悩まされながら、自力で開墾に従事している。

一般の日本人信者も多数送り込まれた。九六年には、女性ばかり四千二百人が集団でウルグアイへ。夫と幼い子ども三人を日本に残した三十八歳の女性信者が、ホームシックから飛び降り自殺する悲劇もあった。

文鮮明教祖も南米をしばしば訪れているが、こちらの目的は趣味の釣り。釣り好きにとってパンタナールは、まさに〝聖地〟なのだ。内部機関誌『ファミリー』の記事によれば、九七年にはブラジル南東部のサロプラ川へバクーという魚（ピラニアの仲間）を釣りに訪れた。しかし、案内役の信者がエサとなるゴムの木の実を切らしたため、

「これから戦場に出ていくのに、銃の弾丸がなくてどうして戦争に打ち勝つことができるか！」

と当り散らす有り様。相変わらず、末端信者の苦労とはほど遠い。

四人の無事な解放が望まれるのは言を俟たないが、犯人側に支払われるとされる身代金が、日本人信者による珍味売りや霊感商法によって得られた金であることも忘れてはなるまい。

4 「統一教会の資金集めを助けた」と指弾された日弁連会長

（『週刊文春』２００９年1月29日号）

昨年十一月二十六日、日弁連傘下で統一教会問題に長年取り組んできた全国霊感商法対策弁護士連絡会は、日弁連に対し、ある人物の行動が、〈（統一教会による）詐欺的な資金集めを助長するものと言わざるを得ません〉と厳しく指弾する「申し入れ書」を送付した。ところが、指弾された人物とは、なんと日弁連のトップ、宮﨑誠会長（64）だったのだ――。

弁護士グループが問題にした行動とは、宮﨑会長が『京大学生新聞』のインタビュー記事に登場したこと。たしかに十月二十日号の同紙に、「法曹界が命運託す」と題するインタビュー記事が、見開き二ページにわたって掲載されている。内容は京大ＯＢである宮﨑氏の学生時代の思い出や、裁判員制度についてのもので、学生新聞として特段変わった内容ではない。どこが、問題なのか。

「この新聞は京大の公認団体ですが、統一教会の資金源のひとつなのです。統一教会の学生組織である原理研究会（最近はＣＡＲＰと名乗ることが多い）は、各有名大学で新聞を発行しています。その多くは『○○大学生新聞』という名称。しかも紙面には、統一教会も文鮮明教祖もまったく出てこない。これは布教ではなく、購読と広告による資金集めが目的だからです。集まったお金はCARPの活動資金に使われるほか、上部組織に献金されます」

そう語るのはCARPで活動していた元統一教会信者だ。

「『京大学生新聞』は成績優秀で、上部組織の全国学生新聞連合から毎年のように表彰されています。成績とは、もちろん集金額のこと。編集長は京大経済学部卒のH氏という男性信者で、歳は三十すぎ。国際合同結婚式にも出ています」(同前)

この新聞は学内では無料配布されているが、卒業生に向けては、購読や広告出稿の電話勧誘が行なわれている。

発行は毎月二回で、年間購読料は一万円。一年分の縮刷版が一万円。定期購読者が四千人いて、その半数は縮刷版も購入するというから、これだけで年間六千万円の売り上げだ。さらに、紙面には一流企業の広告が並ぶ。

「電話勧誘では『京大学生新聞』と名乗りますが、名前が紛らわしいため、卒業生は、歴史のある『京都大学新聞』と勘違いしてしまうのです。あとで気づいて、大学の学生センターに苦情が寄せられるケースもあります」(京大関係者)

京大学生センターも小誌に対し、「頭を悩ませている問題」と語った。

『京大学生新聞』には、これまでも、錚々たるOB——羽毛田信吾・宮内庁長官、伊吹文明・

文科相（当時）、井上幸彦・元警視総監――らがインタビューに登場している。

しかし、宮﨑氏の場合、〔日本弁護士連合会が統一教会による霊感商法に対し毅然として対決してきたこれまでの行動と大きく矛盾するものです〕（前出「申し入れ書」より）ということもあって、「知らなかった」では済まされそうにない。弁護士グループは、「京大学生新聞のHPでいまも閲覧できる同記事を、宮﨑会長が削除要請すること」などを求めている。

「身内から突き上げを食らったのですからカッコ悪い話ですが、その後の対応がさらによくない。『迂闊だった。申し訳ない』とすぐ行動を起こせばよかったのに、二カ月たった現在に至るまで、回答がないんです」（同連絡会所属の弁護士）

小誌の取材に対して日弁連は、「申し入れの根拠となる証拠の有無を照会し、その対応を待っている段階」と答えた。右の弁護士は苦笑する。

「外部からの指摘ならともかく、我々に対して『証拠を示せ』とは心外です。しかし今月十九日付けで、証拠をつけた『再申し入れ書』を送りました。同時に、二通の申し入れ書を我々のHPで公開します」

さて、宮﨑会長はどうするおつもりか。

5 統一教会「何が問題なのか」

(『週刊文春』2022年10月6日号)

「二〇〇九年のコンプライアンス宣言以降、霊感商法は一件もない。過度な献金も、正体を隠した伝道もしていない」

統一教会(現・世界平和統一家庭連合)の教会改革推進本部長に就任した勅使河原秀行氏は、二〇二二年九月二十二日の会見でそう主張した。

「では一体、統一教会の何が悪いのか?」という声を依然として聞く。「政治家はなぜ統一教会を支援してはいけないのか」という疑問も多い。そこで判例を基に、統一教会の違法性と反社会性を再確認する。

全国霊感商法対策弁護士連絡会(全国弁連)の事務局長を務める川井康雄弁護士が言う。

「統一教会は、宗教団体として中核の行為である三点について、すべて違法だとする判決が確定しています。すなわち伝道と教化の方法、献金と物品購入の強制、合同結婚式への勧誘です」

違法①正体を隠した伝道

統一教会の伝道方法が、憲法の保障する信教の自由を侵害していると追及する「青春を返せ訴訟」で、画期的な判決が三度出ている。いずれも札幌地裁で、全国弁連の代表世話人の一人である郷路征記弁護士が担当した事件だ。

二〇〇一年六月二十九日の判決は、元信者二十人が原告。違法性が認定された決定的なポイントは、正体を隠した伝道方法だった。

統一教会は名乗らずに勧誘し、相手の悩みや弱みを把握してから、手相や因縁話を使って不安や恐怖を煽る。そうやって判断能力を働かなくさせた上で、「原罪から救われるには、再臨のメシア＝文鮮明を信じることだ」と初めて明かす。

「この判決は、信仰というものは、信じさせられてしまうと後戻りが極めて困難であり、その選択が人生に決定的な影響を及ぼすことを考えれば、正体を隠した勧誘は信仰の自由への重大な脅威だと認定しました」（郷路弁護士）

統一教会の実態について、判決はこう書いている。

〈一連の活動の過程においては法規に触れることも厭わないものとされ、その目標の成就すなわち集金活動の成功こそが信仰のあかしとさえ受けとられる（略）外形的客観的に見る限り、

経済的利得のために、宗教教義の名を冠して、労働法規を始めとする強行法規を潜脱しようとしていたものといわざるを得ない〉

郷路弁護士は言う。

「統一教会の勧誘行為について、〈原告らの財産の収奪と無償の労役の享受及び原告らと同種の被害者となるべき協会員の再生産という不当な目的〉だと断じました。この認定は、続く二つの事件でも基本的に維持されています」

二〇一二年三月二十九日の判決は、元信者四十人と、物品を買わされた近親者二十三人が原告だった。

「この判決には、私の主張よりも踏み込んだ認定がありました。その一つは〈人は、言葉による論理的な説明を理解して信仰を得るのではない〉という部分です。教義はメシアを信仰させるための前提知識であり、神や再臨のメシアなどの超自然的なものの存在を実感させられるのは、情緒を大きく動かされることによる、という意味です」（同前）

信者が教義の間違いを指摘されても脱会できない理由が、ここにある。

「二つめは、勧誘の時点で信仰生活の実態を知らせせなければならないとした部分です。入信すれば、詐欺的な伝道や霊感商法に従事させられ、自己破産に至るまで献金を迫られ、意に染まない相手と結婚させられます。そのことを、メシアを実感させる前に、あらかじめ伝えなければならない。メシアを実感させせられた後では、引き返すことが不可能にされてしまうからで

す。したがって事前に説明がなければ、自分の意志で隷従を選択したとはいえないと指摘したのです」（同前）

判決はこう〝断罪〟する。

「信教の自由を侵害」と認定

〈宗教性を秘匿して人に信仰を植え付ける行為は、自由な選択に基づかない隷属を招くおそれが強い。特に、統一協会の場合、入信後の宗教的活動が極めて特異で収奪的なものであるから、宗教性の秘匿は許容し難いといわざるをえない〉

五百六十七ページに及んだ判決文は、信者の胸の内にも踏み込んでいる。次のくだりは、安倍元総理暗殺事件の山上徹也容疑者の母の心情を窺わせる。

〈原告らは、献金や物品購入による金銭拠出の不足が信仰の怠りにつながり、救済（先祖、自分自身及び現世の家族の罪の清算）の否定につながるとする教化活動を継続的に受けていたことが明らかである。原告らは、救済の否定という不安や恐怖に煽られ、献金や物品購入の目標額に不足が生じないよう、自分自身の貴重な蓄えを取り崩したり、嘘をついて家族の蓄えを取り崩させたり、嘘をついて他人に物品販売をしたり、高利金融業者から金を借りるなどしているのである〉

二〇一四年三月二十四日の判決は、元信者、近親者四十人が原告。「憲法が保障する信教の自由を侵害した」と明確に言い切る判決は、これが初だった。

郷路弁護士が説明する。

「統一教会の伝道・教化過程は、その目的、手段、結果とも、社会的相当性を著しく逸脱していて、勧誘する相手に対する違法行為であると認定されました。文鮮明が再臨のメシアであると確信させられた結果、教義である『統一原理』が真理となり、その人の判断基準となる。自身が形成してきたアイデンティティーとは別の人格を植え付けられてしまうのです。霊感商法などの経済活動や違法伝道に従事したり、進んで過度な献金をしたり、合同結婚式に参加したりするのは、その結果です」

勧誘する際に騙していることがすべての違法性の元凶だ。信教の自由の一部である「信じない自由」が、統一教会には存在しない。

違法②組織的な献金強要

信者となった妻が、通帳・印鑑・カードを託されていた夫のお金を、内緒で献金し続けていた。夫が気付いたとき、一億円近い預金はほぼゼロになっていたが、妻は「正しいことをした」と主張するばかり。

夫は、十四年間で百四十八回にわたって献金が行なわれたと分析。調停によって離婚したのち、約一億円の損害賠償を求めて統一教会を提訴した。東京地裁は二〇一六年一月十三日、夫の言い分を大筋で認め、約三千四百二十八万円の支払いを命じた。担当したのは全国弁連の代表世話人を務める山口広弁護士たちだ。山口弁護士が語る。

「脱会した本人ではなく、家族からの返還請求を認めた判決は初めてです。妻に財産を把握させた上で献金させる手口は広く使われていますから、統一教会の組織的行為であると認定された意義は大きい。『一部信者の行き過ぎた献金勧誘による使用者責任が認められただけで、統一教会に責任はない』という従来の言い逃れは、通用しなくなった」

判決は述べている。

〈被告においては、組織的活動として、信者の財産状態を把握した上で、壮婦（統一教会の用語で、主婦や既婚女性を指す）に対しては、献金によって夫を救い、夫の家系を救うという使命のために、夫の財産を夫の意思に反して内緒で献金するなどの名目で交付させており、これを受けて専業主婦である元妻が行った献金等について、その原資が原告の財産であり、原告の意思に反して出捐されたことを認識していたと認められる〉

「高裁判決はさらに踏み込んで、元妻による多額の献金が婚姻を破綻させた有力な原因だと指摘して、統一教会が指示した責任を認めました。一審の賠償を増額した上で慰謝料百万円の支払いも命じた点は、画期的です」（同前）

違法③合同結婚式への勧誘

信者が脱会したのちに婚姻無効の確認を求める訴訟は、婚姻相手に対して行なわれるのが普通だが、二〇〇二年八月二十一日に東京地裁で判決が出た「青春を返せ訴訟」では、統一教会が参加を強要したことの責任を質した。

元信者三人の代理人は、やはり山口広弁護士たちが務めた。山口弁護士が言う。

「判決は、文鮮明が信者に向けた『旦那さんが目玉がなくても、鼻がなくてもそれが問題ではない』『嫌がって受けなければ、霊界に行って問題になります』などの発言を採用。信者が〈自己の意思で断ることが困難な精神状態に置かれていた〉ため、無理やり参加させられたものと認定しました」

すべての被害者に謝罪と賠償を

判決文には、こうある。

〈信者が文鮮明の選んだ相対者を断った場合、次の祝福を受ける機会が保障されていたものとは認めることはできず、信者としては自己や先祖の救いの道が永久に閉ざされることになる

と考えざるを得ない〉

〈合同結婚式が、アダムとエバから受け継いだ原罪から解放される唯一の方法であり、合同結婚式に参加しなければ自己や先祖の救いがない旨教えられ、信じさせられていた〉

そして〈原告らの婚姻の自由を侵害する違法がある〉という結論が導かれた。

統一教会は最近三度の会見で、こうした違法行為は止めたと主張した。しかし川井弁護士は「二つのウソがある」と指摘する。

「第一に、違法行為は続いています。伝道の際に名乗っていると主張しますが、訊かれなければ答えないケースも多く、名乗るとしても名称変更のせいで社会に統一教会と知られていない『家庭連合』を名乗るだけ。判決で指摘された、入信後の活動を事前に明らかにすることは全くありません。

霊感商法は摘発と法改正でやりにくくなったため、既存信者からの献金への比重を大きくしたと思われます。それでも全国弁連には昨年、印鑑で九件、壺で五件の相談がありました。○九年以降の被害も含まれています。

献金強要のやり方も変わっていません。相変わらずノルマを課して集めつつ、『後から返金を求めない』という合意書を作成するなどして、被害の声を挙げにくくしているのが実情です。

第二に、反省して今後はやりませんと言うなら、すべての被害者に謝罪した上で賠償をすべきです。税制優遇を受けている宗教法人が、信者の献金額について『記録がないからわかりません』と開き直るなど、真摯な反省がない証拠です」

コンプライアンス宣言で悔い改めたというなら、それ以前に集めたお金をすべて返すのが出発点のはずだ。

統一原理の中に「万物復帰」という教えがある。信者は「地上にある財物は、神様に返さなければならない」と教えられ、献金や物品購入が果たせなければ、地獄にいる先祖は苦しみ、自分や家族、子孫も地獄に落ちると信じ込まされている。つまり「教義を変えます。来年五月までの百八十三万円の献金ノルマも撤廃します」と内外に宣言しない限り、どんな改革も口先に過ぎず、信者が救われる道はないのだ。

山口弁護士は言う。

「宗教法人の解散請求は、ぜひなされるべきだと思います。『解散を命じられた宗教団体』というレッテルを貼られれば、少なくとも政治家は付き合いにくくなるでしょうから」

政治家が統一教会と付き合ってはいけない理由は、いまも変わらない違法性と反社会性に与し、教会を利するだけだからだ。

郷路弁護士も警告する。

「統一教会の教義は変わっていませんし、その絶対主義的な内部の体制も体質も変わっていませんせん。社会にも被害者にも謝罪をしていません。社会の批判をかわすために、手直しをしているだけです。ですから、これからも不断に注目し、批判することが大切です」

6　統一教会「所有不動産リスト」独占入手

——日本国内には八〇件の不動産　取得金額は一七五億円を超えるのだが……

（「週刊文春電子版」2024年3月23日）

昨年十月に統一教会（現・世界平和統一家庭連合）に対する解散命令請求が文部科学省によってなされ、今年二月には東京地裁が教団、文科省から聞き取りを行なう初めての審問が実施された。今後の焦点は教団が保有する財産の保全へと移った。霊感商法や高額献金の被害者を金銭面で救済するために、原資を確保しなければならないからだ。しかし、統一教会の資産の全容は、依然として明らかになっていない。

「いったい統一教会には、どのくらいの資産があるのか？」——。

かつて、同じことを知りたいと考えた人物がいる。韓鶴子総裁（81）だ。二〇一二年九月三日、創始者の文鮮明教祖が死去。利権を巡る骨肉の後継争いの末に息子たちを追放した韓鶴子総裁は、自分が手にできる資産の中身に関心を抱いたのだ。

翌二〇一三年の八月二十三日、統一教会の聖地である韓国の清平で、文教祖の一周忌を記念する行事が行なわれた。その場で韓鶴子総裁に、ふたつの文書が奉呈された。

資産すべてが韓鶴子総裁に帰属することを宣言

韓国の統一教会関係者が解説する。

「ひとつは『天一国憲法』です。合同結婚式などの宗教行事を行なう権限や、世界各地の人事権、資産を管理する権限などが、真の御父母様（注・文鮮明夫妻）だけにあることを明文化しています。もうひとつが『世界公的資産白書』です。統一教会の名義になっている全世界の不動産が一覧できるもので、作られたのはこのとき一回だけです。

真の御父母様といっても存命なのは韓鶴子総裁だけですから、統一教会の権限や有形無形の資産のすべてが韓鶴子総裁一人に帰属することを、内外に宣言したのです。これらが作られた目的の第一は、追放した息子たちが宗教的権限や資産の所有権と相続権を主張して法廷闘争を起こした際に備えること。第二は、各国の統一教会の分裂や独立を防ぐことにありました」

今回、『世界公的資産白書』を独占入手した。この『白書』は、表紙に英語で『2013 White Paper on Public Assets Worldwide』と書かれており、中身はハングルと英語で、全二十二巻に加えて別冊がある。一巻から二十巻までは、韓国にある資産の状況が掲載されている。二十一巻がアジア、ヨーロッパ、東北、アフリカ。東北とは、ユーラシア大陸の旧共産圏の諸国を意味する。二十二巻は北米、南米、オセアニア。別冊は総覧となっている。

下関教会	山口県下関市	217㎡	358㎡	2002年11月8日	¥80,698,700	¥13,820,000	教会
代々木エスタブリッシュメント	東京都渋谷区	199㎡	201㎡	2003年3月18日	¥102,053,000	¥163,158,624	エスタブリッシュメント
土浦研修センター	茨城県土浦市	2,345㎡	2,093㎡	2003年12月25日	¥90,495,000	¥128,762,035	研修センター
岐阜教会	岐阜県岐阜市	529㎡	1,214㎡	2003年12月22日	¥78,412,621	¥50,886,432	教会
今治教会	愛媛県今治市	294㎡	588㎡	2004年4月24日	¥26,950,000	¥22,088,019	教会
豊田教会	愛知県豊田市	290㎡	445㎡	2004年8月4日	¥172,157,580	¥121,456,028	教会
那須研修センター	栃木県那須郡	5,664㎡	490㎡	2004年8月25日	¥37,000,000	¥23,914,443	研修センター
一心特別教育院	千葉県浦安市	3,175㎡	3,238㎡	2004年10月20日	¥857,515,393	¥1,029,093,330	研修センター
一貫山研修センター	福岡県糸島市	290㎡	455㎡	2005年9月8日	¥27,000,000	¥11,017,657	研修センター
平和文化センター	千葉県市川市	593㎡	892㎡	2005年12月14日	¥166,556,695	¥110,297,932	事務所
上原エスタブリッシュメント	東京都渋谷区松濤	—	—	—	—	—	エスタブリッシュメント
琵琶湖研修センター	滋賀県大津市	4,354㎡	797㎡	2008年12月15日	¥43,000,000	¥40,750,814	研修センター
相模原教会	神奈川県相模原市	268㎡	1,320㎡	2007年9月12日	¥208,976,325	¥216,731,529	教会
孝成家庭教会	神奈川県川崎市	581㎡	1,135㎡	2013年2月7日	¥347,408,850	¥328,220,000	教会
高崎教会	群馬県高崎市	937㎡	992㎡	2001年8月20日	¥93,500,000	¥55,954,448	教会
長野教会	長野県長野市	1,144㎡	1,580㎡	2004年12月22日	¥402,029,253	¥262,504,500	教会
長野ハウス	長野県長野市	1,396㎡	717㎡	2011年3月25日	¥24,368,242	¥150,947,800	研修センター
誠心センター	長野県長野市	1,728㎡	1,044㎡	2006年2月24日	¥121,340,846	¥151,333,300	研修センター
GEPC教育会館	長野県長野市	1,531㎡	963㎡	2009年5月25日	¥425,322,198	¥218,361,000	研修センター
長野上田教会	長野県上田市	357㎡	177㎡	2011年12月27日	¥6,000,000	¥73,096,264	教会
仙台教会	宮城県仙台市	1,225㎡	1,009㎡	2005年4月21日	¥80,000,000	¥113,885,000	教会
船橋中央教会	千葉県船橋市	360㎡	671㎡	2006年11月28日	¥123,000,000	¥109,058,047	教会
丸亀教会	香川県丸亀市	1,102㎡	834㎡	2006年7月10日	¥53,024,250	¥35,956,747	教会
花巻教会	岩手県花巻市	183㎡	152㎡	2004年11月9日	¥6,926,600	¥1,388,387	教会
札幌教会	北海道札幌市	1,325㎡	744㎡	2007年5月25日	¥73,189,300	¥46,776,478	教会
小田原教会	神奈川県小田原市	1,080㎡	1,147㎡	2008年3月18日	¥193,990,000	¥133,947,466	教会
富山教会	富山県富山市	929㎡	830㎡	2008年6月30日	¥64,297,033	¥49,093,476	教会

2013年　統一教会所有資産							
資産名	所在地	土地面積	建物面積	購入日	購入時の価格	2013年時の価格	使用用途
本部	東京都渋谷区松濤	482㎡	1800㎡	1971年2月26日	¥3,682,820,000	¥1,994,353,063	教会
作並研修センター	宮城県仙台市	40,271㎡	41,302㎡	1991年12月18日	¥323,000,000	¥215,516,379	研修センター
光の子園	東京都世田谷区	706㎡	701㎡	1981年7月7日	¥390,650,000	¥247,061,740	Nursing School
千葉中央修練所	千葉県千葉市	4,618㎡	2,224㎡	1976年11月18日	¥576,188,528	¥358,431,032	研修センター
千葉教会	千葉県千葉市	145㎡	575㎡	1990年7月1日	¥201,178,312	¥112,279,944	教会
Green House	山梨県南都留郡	462㎡	185㎡	1979年2月26日	¥50,712,000	¥23,799,120	研修センター
守山研修センター	愛知県名古屋市	1,653㎡	538㎡	1971年2月26日	¥32,755,982	¥7,960,764	研修センター
宝塚研修センター	兵庫県宝塚市	791,285㎡	1,041㎡	1986年11月18日	¥225,690,000	¥148,190,749	研修センター
新川教会	富山県滑川市	—	231㎡	1975年8月1日	¥16,770,000	¥6,190,987	教会
嵐山修練所	京都府京都市	4,950㎡	1,471㎡	1987年10月22日	¥800,000,000	¥120,497,441	研修センター
伊豆セミナーハウス	静岡県伊豆の国市	1,060㎡	389㎡	1975年6月20日	¥92,729,464	¥19,383,910	研修センター
神戸教会	兵庫県神戸市	—	722㎡	1985年5月8日	¥217,000,000	¥4,771,000	教会
佐渡教会	新潟県佐渡市	367㎡	126㎡	1957年10月1日	¥945,336	¥6,935,544	教会
成田研修センター	千葉県成田市	—	51㎡	1971年7月1日	¥7,105,000	¥490,337	研修センター
横浜教会	神奈川県横浜市	207㎡	666㎡	1990年6月8日	¥1,367,000,000	¥790,774,146	教会
広島教会	広島県広島市	260㎡	1,062㎡	1992年3月30日	¥754,143,250	¥142,250,000	教会
名古屋金山教会	愛知県名古屋市	407㎡	1,597㎡	1992年12月17日	¥536,356,000	¥415,082,421	教会
高松教会	香川県高松市	911㎡	1,005㎡	1993年7月23日	¥314,031,573	¥57,468,600	教会
希苑家庭教会	東京都杉並区	398㎡	447㎡	1996年8月13日	¥264,386,558	¥267,715,381	教会
山中湖研修センター	山梨県南都留郡	330㎡	330㎡	1995年3月31日	¥21,000,000	¥2,799,580	研修センター
新宿教会	東京都新宿区	745㎡	1,039㎡	1998年3月2日	¥430,000,000	¥321,033,280	教会
東京同胞教会	東京都新宿区	356㎡	1,362㎡	1999年3月31日	¥581,326,124	¥336,906,780	事務所
鹿児島教会	鹿児島県鹿児島市	394㎡	626㎡	1998年1月3日	¥106,161,160	¥95,731,321	教会
帯広教会	北海道帯広市	2,217㎡	1,013㎡	2000年4月8日	¥100,000,000	¥52,927,743	教会
青森教会	青森県青森市	151㎡	303㎡	2001年6月26日	¥64,592,500	¥39,627,573	教会
岐阜ビルディング	岐阜県岐阜市	110㎡	144㎡	1992年10月3日	¥6,546,342	¥4,958,540	教会

土地	アメリカ合衆国ハワイ州	20,760㎡	—		1,777,000 $	2,133,800 $	Peace Garden
合計価格					¥17,555,600,008	¥11,973,477,093 ※米ドルは2013年の1ドル105円で計算	
『世界公的資産白書』をもとに週刊文春電子版編集部作成							

上越教会	新潟県 上越市	1,063㎡	332㎡	2010 年 3 月 30 日	¥46,500,000	¥31,036,335	教会
沼津教会	静岡県 沼津市	938㎡	1,555㎡	2010 年 12 月 24 日	¥128,725,500	¥310,000,000	教会
宇都宮教会	栃木県 宇都宮市	1,148㎡	961㎡	2011 年 1 月 23 日	¥75,381,990	¥120,119,715	教会
柏教会	千葉県 柏市	593㎡	759㎡	2010 年 12 月 28 日	¥170,510,825	¥126,408,194	教会
瀬戸教会	愛知県 瀬戸市	215㎡	294㎡	2010 年 11 月 29 日	¥36,507,657	¥27,985,122	教会
岡山教会	岡山県 岡山市	2,033㎡	1,447㎡	2010 年 12 月 16 日	¥225,871,988	¥200,790,000	教会
米子教会	鳥取県 米子市	571㎡	404㎡	2010 年 4 月 20 日	¥73,140,000	¥111,700,000	教会
鳥取教会	鳥取県 鳥取市	2,062㎡	616㎡	2012 年 3 月 30 日	¥73,249,500	¥120,931,400	教会
札幌手稲西教会	北海道 札幌市	1,400㎡	1,088㎡	2011 年 12 月 30 日	¥133,365,552	¥106,719,617	教会
大阪教会	大阪府 大阪市	—	3,306㎡	2011 年 12 月 30 日	¥362,250,000	¥347,388,000	教会
町田教会	東京都 町田市	193㎡	436㎡	2011 年 4 月 30 日	¥48,000,000	¥61,526,000	教会
佐賀教会	佐賀市 高木瀬町	4,624㎡	4,627㎡	2012 年 8 月 30 日	¥237,427,276	¥228,000,000	教会
新居浜教育センター	愛媛県 四国中央市	580㎡	614㎡	2012 年 11 月 19 日	¥44,554,831	¥44,554,831	教会
宮崎教育センター ※さくら館	宮崎県 宮崎市	285㎡	287㎡	2013 年 2 月 4 日	¥14,000,000	¥14,000,000	教会
上田教会	長野県 上田市	3,300㎡	3,302㎡	2013 年 4 月 30 日	¥63,000,000	¥63,000,000	教会
尾瀬霊園	群馬県 利根郡	5,526㎡	—	2006 年 1 月 19 日	¥247,351,535	¥180,138,451	霊園
土地	群馬県 吾妻郡	289㎡	—	1968 年 10 月 6 日	¥1,000	¥1,000	土地
土地	佐賀県 唐津市	15,351㎡	—	1982 年 12 月 24 日	¥1,350,000	¥1,350,000	国際高速道路
土地	群馬県 桐生市	894㎡	—	1998 年 3 月 30 日	¥206,001,572	¥206,001,572	土地
土地	栃木県 那須烏山市	7,156㎡	—	1998 年 3 月 30 日	¥206,001,572	¥206,001,572	土地
高知霊園	高知県 南国市	132㎡	—	2000 年 11 月 3 日	¥31,090	¥31,090	霊園
土地	大分県 真玉町	20,048㎡	—	2003 年 2 月 14 日	¥201,000	¥201,000	土地
土地	北海道 上川郡	755937㎡	—	2003 年 11 月 13 日	¥80,000,000	¥2,923,163	土地
土地	アメリカ合衆国 ハワイ州	109,795㎡	—		1,300,000 $	795,100 $	コーヒー農園
土地	アメリカ合衆国 ハワイ州	28,376㎡	—		3,900,000 $	1,863,000 $	King Garden
土地	アメリカ合衆国 ハワイ州	21,691㎡	—		6,900,000 $	2,241,000 $	Queen Garden

その二十一巻の中に、日本の統一教会が所有している不動産のリストがある。一ページがひとつの物件に充てられ、土地+建物が六十八件。土地だけのものが十二件。合計八十件が記載されている。土地+建物は大半が全国各地の教会で、ほかは研修所などだ。土地は霊園のほか、空き地とされているものが多い。

各ページの右上にその物件の写真が載っていて、記載されている内容は次の六項目。

・Basic Information（基礎情報）——物件番号、名称、住所など。
・Details（詳細）——建物の階数、用途、土地の面積と建物の面積。
・Acquisition Information（取得情報）——取得年月日、購入価格、市場価格、資金源。
・Ownership Information（所有者情報）——代表者名、定款や登記などの有無。
・Related Documents（関連文書）——ローンの書類の有無など。
・Changes and References（変更および参照）

興味深いのは、取得時の金額と資金源が書かれている点。加えて、この資料が作られた時点での市場価格が書かれている点だ。

ローンがついている物件はゼロ

最初のページに載っているのは、渋谷区松濤にある日本統一教会の本部だ。土地の面積や取得年月日の一九七一年二月二十六日は、不動産登記と一致する。取得金額は三十六億八千二百八十二万円。資金源は「Donation（献金）」。この資料が作られた二〇一三年時点での市場価格は、十九億九千四百三十五万三千六十三円とされている。

次のページは、宮城県仙台市にある作並トレーニングセンター。信者が泊まりがけの研修に使う施設だ。以下、記載が続き、最後の四つはハワイに所有する物件。用途はコーヒー農園、信者のための修練所、幹部が会議で使うための施設などだ。韓鶴子総裁が、避寒のために過ごすこともある。

資金源は、京都にある嵐山修練所だけが「Donation, Fundrasing（募金）」で、ほかはすべて「Donation」のみ。ローンがついている物件は、ひとつもない。

各ページに記載された主な項目を日本語に訳し、一覧にしたのが前掲の表だ。八十件を合計すると、取得時の金額は百七十五億五千五百六十万八円。二〇一三年時点の市場価格の合計は、百十九億七千三百四十七万七千九十三円となった（ハワイの四件については、購入時、二〇一三年とも、二〇一三年のレート・一ドル＝一〇五円として計算）。

取得時の金額と市場価格を物件ごとに比較すると、いくつか例外はあるものの、そのほとんどが価格を大きく下げている。

毎日新聞は昨年十一月三日、「独自調査：旧統一教会、土地99カ所の所有判明　推定価格は巨額」と題する記事を報じた。〈公表している全国の関連施設２９６カ所の土地・建物について毎日新聞が不動産登記を確認したところ、土地99カ所・建物91棟で教団が所有権を持っていることが判明した。さらに専門家の監修の下、土地の推定評価額を算出し〉たという。

十一月十二日に続報があって一件が追加され、〈教団の所有権が明らかになった土地は計100カ所となり、推定評価額は権利関係が複雑な1カ所を除き計92億6600万円となった〉。

この二本の記事によると、土地の推定評価額が最も高いのは松濤本部で、八億四千百十五万円。次が二〇二二年四月に取得した多摩市の研修施設予定地で、六億七千六百七十三万円。三番めは続報で明らかになった松濤本部の向かいに立つビルで、五億四千七百五万円とのこと。

前述した通り、『世界公的資産白書』で松濤本部のページを見れば、一九七一年に取得した際の金額は三十六億八千二百八十二万円。二〇一三年時点での市場価格は、十九億九千四百三十五万三千六十三円だった。

さらに十年が経過し、所有する不動産の数は増えても全体の資産は目減りしている様子が窺える。

全国霊感商法対策弁護士連絡会の代表世話人を務める山口広弁護士の話。

「それでも、かなりの資産を保有しているなという印象です。このほかに預金や現金が、どれだけあるかわかりません。判明している不動産だけでも、早く保全してもらうことは切実です。さらに、統一教会には数多くの関連団体や企業があり、それぞれが土地や社屋、工場などを保有しています。解散命令が下されたとしても、宗教法人法の手が及ばないこれらの資産は温存されます」

「資産隠しを画策することは十分に予想できる」

統一教会傘下の中核企業ハッピーワールドは、二〇〇七年に「ジャパン・ビジネス・グループ」として再編され、ハッピーワールドグループ十一社、水産グループ四社、教育事業グループ八社、配置薬グループ十七社、医療関係二社、UC（注・Unification Church＝統一教会のこと）物販グループ九社、の合計五十一社となった。このほかに、世界日報グループ十五社がある。

二〇〇九年に特定商取引法違反で摘発された渋谷の印鑑販売会社㈲新世に代表される霊感商法企業は、各地域の教会に所管されているので、これらとはさらに別にあった。

「ジャパン・ビジネス・グループ」の「所有不動産リスト」（二〇〇六年十月三日付）には、各企業の所有する不動産が全国に五十六カ所あり、固定資産税評価額の合計は二十六億六千九百四十五万二千円と記載されている。

また前述した通り、『世界公的資産白書』全二十二巻のうち一巻から二十巻は、韓国国内に関する記録だ。その膨大な資産を購入した原資は、霊感商法や高額献金によって日本から送られたお金なのだ。

文科省は三月六日、昨年十二月に成立した「特定不法行為等被害者救済特例法」に基づき、統一教会を「指定宗教法人」に指定した。保有財産の監視強化が目的だ。これによって統一教会は、不動産の処分や担保の提供を行なう場合、少なくとも一カ月前に文科省や都道府県に届け出ることが義務付けられ、財産目録などの書類提出は、これまでの一年ごとから三カ月ごとに変更された。

しかし、山口弁護士はこう語る。

「『指定宗教法人』よりも監視の利く『特別指定宗教法人』に指定してくれなかったのが、誠に残念です。統一教会が抜け道を探して資産隠しを画策することは十分に予想できるのに、『財産の散逸の恐れが具体的に認められない』とされたからです。『特別指定宗教法人』になれば、被害者側の我々が財産目録を閲覧して、対策を取ることができたのですが、『指定宗教法人』だとそうした措置をとれないのです」

二〇一三年八月に韓鶴子総裁に奉呈された『天一国憲法』の第十三条には、〈天一国のすべての公的資産に対する権利関係の変動は、真の父母様の事前承認を要する〉とある。日本の統一教会が保有する不動産も、韓鶴子総裁の承認なしでは処分できないと決められたわけだ。

ところが、昨年十月二十三日、世界教団本部は「各国法人の財産は、各国の法律に則り、各国の法人が自主的に管理しなければならない」と通達した。

日本の統一教会関係者が解説する。

「その十日前に、文科省が教団に対する解散命令を東京地方裁判所に請求したため、『天一国憲法』の決定を撤回したのです。理由は、日本の統一教会の不法行為や韓国への送金がさらに問題となった際、韓鶴子総裁と韓国の教団本部にまで責任が拡大されることを防ぐためです」

統一教会は、来るべき日に向けて着々と手を打ちつつあるのだ。

統一教会に、保有資産の名義変更や売却を行なう予定の有無、および「指定宗教法人」に指定されたことについて聞くと、広報部は次のように回答した。

「（名義変更や売却について）現在の所、その予定はございません。（指定宗教法人に指定されたことについては）文科省の指示に従い、不動産の処分前の届け出や三カ月ごとの財産目録の提出等を励行して参ります」

前出の山口弁護士は危機感を募らせ、次のように提言した。

「日本の統一教会の保有資産は、霊感商法や高額献金の被害によって出来上がったものです。それが関連団体や企業に名義変更されたり、海外へ送金されたりといった方法で散逸しないように、引き続き監視する必要があります。解散命令が確定した際には被害者救済に少しでも多く速やかに回せるようにしておくことが、政府の務めです」

第 3 章

統一教会が翻弄した人生

1　告発手記　統一教会に入信して殺されたわが兄

（『週刊文春』1993年7月29日号）

船木洋志

十九歳の時、街頭アンケートで統一教会に誘われた船木淳志君は、信者と共同生活をしながら学校を卒業。印鑑売りや魚の行商をしながらアメリカへ渡った。そして、昨年街頭でバラ売りをしていて、強盗に襲われ死亡した。薄幸だった兄の生涯と最期を弟が告発！

私の兄は昨年五月、アメリカのフィラデルフィアで強盗に襲われて殺されました。統一教会の経済活動として、街頭でバラを売っている時の出来事です。

三十二歳でした。兄の名は淳志と書いて「あつし」と読み、私は洋志と書いて「ようじ」。三つ違いの、二人きりの兄弟でした。

この事件は、日本では全く報道されないままでした。犯人は捕まらず、真相は今もわかりません。

一年以上たった今、こうして兄のことを世間に訴える気持ちになったのは、私たちの家族だけが悲しんで済む問題ではないと気づいたからです。

統一教会に家族を取られ、苦しんでいる人たちが日本中にいることを、私は知っています。いつ誰が、同じような事件に巻き込まれるかもしれません。統一教会の活動の実態について、少しでも多くの人に知ってもらいたい。そして、こんな悲劇は二度と起こらないでほしい。そのために行動を起こすことが、兄の死と私たちの涙を、無駄にしないことだと気づいたからです。


私の家は、父、母、兄の四人家族です。兄は大阪府立工業高専（五年制）の四年の夏、街頭アンケートで統一教会に誘われました。

もう十四年も前、七九年のことです。それまでの兄は弟の私から見ても真面目で、よく笑う兄でした。剣道が好きで、全国大会にも出場するほど。その頃は八時には帰宅して夜中の一時頃まで勉強するのが日課でした。それが十二時、一時になるまで帰って来ない。母が尋ねると、「ボランティアをやっている」と言う。「学校とは両立できるんか?」と聞くと、「できる」という答えだった。

しかし「学校をやめる」と言い出すまで、わずか三カ月しかかかりませんでした。成績も、みるみる下がる一方。父が激怒すると、

「自分は正しいことをやっている。そのうちソ連が北海道へ上がってきて、お父さんもお母

さんもオノで殴り殺されるんやぞ」

昼食代四百円だけで伝道に

結局、兄は家を出て、統一教会のホームで信者と共同生活をしながら、学校へ通うようになりました。両親としては、退学させないための妥協だったのでしょう。兄の同級生に話を聞けば、「船木君は授業中、いつも寝てる」とのこと。日記を見ると、午前一時に寝て朝は四時に起き、統一教会の活動をしていたといいますから、無理もないことです。五年の夏休みには、キャラバン隊で珍味売りに出かけました。

兄は卒業と同時に、「やらなきゃ一生後悔する」と、献身（統一教会系の企業で働くこと）しました。最初は大阪の京阪沿線で伝道、やがて愛知県の岡崎で印鑑売り。八三年の十一月からは「一心天助」で軽トラックによる魚の行商をするようになります。

普通の信者と違うのは、どこへ移っても、電話や手紙でちゃんと居場所を伝えてきたことです。まだ大阪にいた頃のこと。母宛てに「千円送ってくれ」と連絡がありました。母は心配になってホームまで出掛け、最寄り駅の改札で帰りを待っていたそうです。

夜遅く電車から降りてきた兄を捕まえると、「実は腹が減って腹が減って、仕方ないのや」と言う。近くの焼き肉屋へ連れて行くと、兄の食べる恰好は、それこそ餓えた子供のようだったと聞きました。「肉なんか食べたことない」と。いい匂いが漂う焼き肉屋の前を、腹を空かせながら朝晩通り過ぎ、貧しい食事をしていたのでしょう。話を聞いてみると、

「伝道に行くのに、毎日ちょうどの電車賃と、昼食の四百円だけもらってホームを出るんや」

「四百円いうたら親子丼にも足りん。玉子丼くらいしか食べられへんやろ?」

「うん」

「暑いさなかやのに、缶コーヒーも飲めへんやないか。のど渇いたらどないすんねや?」

「公園で水飲むんや」

「……。千円貸してくれ言うたかて、返されへんやろ。くれ言うたらどないや」

母は、二千円渡して別れたそうです。その後の人生で兄は、腹一杯焼き肉を食べることがあったのかどうか。


その頃は、三、四カ月に一度くらいは帰宅していました。数時間しかいないのですが、帰りにはそうめんだのスイカだの、家にある食べ物を持って行きます。自分で食べるのではなく、「ホームの近くでおばさんたちに売るんや」と言うのです。

父は「こいつ、階段から突き落としたろか。足の一本でも折って入院でもしてくれたら」と、何度も考えたと言います。

「一心天助」では横浜、次いで杉並で働いていました。魚のことなど何も知らない兄は、お客さんから「今の季節の旬は何?」と尋ねられ、「シュンて何ですか?」と聞き返すほどだっ

たそうです。

それでも頑張ったのでしょう。売り上げが一位になって記念のアルバムを貰い、教会の指示だったのでしょうが調理師の免許も取っています。

同居することがなかった結婚

その調理師免許を手にアメリカへ渡り、統一教会が経営する日本食レストランのコックとして働くことになったのは、八六年八月。それから六年、一度も帰国しないまま、兄は死を迎えたのです。

母に言わせると、海外で働いてみたいというのは幼い頃からの希望だったようです。中学生時代には、青年海外協力隊に入りたいと言っていたとか。アメリカ生活は二年だけの予定でした。フロリダ州ジャクソンビル、サウスキャロライナ州コロンビア、ノースキャロライナ州イーストメイナード、ワシントンDCのレストランを転々としました。

統一教会員としての生活は日本ほど過酷でなく、釣りなどをして遊ぶ余裕もあったようです。「ジョーイ」という愛称で呼ばれて、アメリカ暮らしをエンジョイしているようでもありました。料理の腕も認められ、常連のアメリカ人客から「店を一軒任せるから、やってみないか」と誘われることもあったようです。

それでも二年たつと帰国するつもりで、飛行機まで押さえたのです。ところが家から送った荷物が遅れ、乗るはずの便を見送った。そこへ、違う店を手伝うようにという指示が出て、また働くことになったのです。

バージニア州リッチモンド、再びサウスキャロライナ州コロンビア、ウエストバージニア州チャールストン、ニューハンプシャー州ポーツマスと東海岸を移動したのち、最後の職場となったニューヨークのニューヨーカーホテルの日本食レストラン「ＳＯＮＯＢＡＮＡ」へたどり着きます。

その間、八九年には合同結婚。相手は東京に住む四つ年下のＫ子さんです。送金の依頼を両親が断ったので兄はソウルへ行けず、Ｋ子さん一人が兄の写真を持って参加しました。二年後、Ｋ子さんはアメリカの兄のもとを一週間程度訪れました。結局二人は同居することなく、結婚生活はその一週間が全てとなりました。

兄は、アメリカの永住権を取るつもりでした。昨年六月、その手続きのため、今度こそ帰国する予定でした。事件は、その一カ月前に起こったのです。

五月十日、兄は他の教会員Ａ氏Ｂ氏の二人と、車でフィラデルフィアへバラの花売りに出掛けました。

三人は、別れてバラ売りをしていました。十九時頃、Ａ氏が車で迎えに行くと、兄は後片付けの最中でした。

現場の向かいにあるケンタッキーフライドチキンでトイレを借りたA氏が、数分後に出てくると救急車が来ていて、兄が応急処置を受けている。目撃者の話によると、二人組の若い黒人男性が背後から金属製の棒でいきなり兄の頭を殴りつけ、時計から売り上げから免許証から、身ぐるみ剥いでいったそうです。

そのままペンシルベニア大学付属病院に担ぎ込まれました。所持品がなく、身元不明の兄に名付けられた仮の名は、「ジョーイ」。不思議なことですが、アメリカ生活での愛称そのまま「ジョーイ」と呼ばれたのです。運ばれた時、すでに意識がない状態でした。が、何事か口にしたようです。でも日本語だったので意味がわからなかったと、後で主治医の先生は悔しがっていました。

大阪の我が家に事件の第一報が入ったのは、それから十二時間もたった日本時間の十一日午後九時頃。B氏からの電話で「淳志さんがアメリカ人の男性に殴られて、病院に入っています」。この時点では、まだ重大性はわかりません。

しばらくしてまた電話があり、「脳内出血をしているので、血を抜く手術を受けています」。ここで家族は青ざめました。午前一時に三度目の電話。「危篤状態に陥ったので、至急来ていただきたい」

事件が起こる日の朝、私は夢を見ました。ハイキングしている夢です。草原を歩いていると、男の人が痙攣を起こして倒れています。そこへ救急車が来て、注射を打とうとするのです。安楽死させるための注射だと言います。私は「まだ死ぬかどうかわからんのに、何するんや！」と叫ぶ。そんな夢でした。

一夜明け、私たちは渡米の準備にかかりました。飛行機や宿の手配は、全て統一教会任せです。父は仕事の関係で大阪に残らねばならず、母と私は成田でK子さんと合流。ニューヨークに着いた十三日の夕方、すぐに病院へ直行しました。

頭を剃られ、マネキンのように横たわった兄には、脳の血を止めないように呼吸を早める処置が施されていました。呼吸が早いせいで、兄の体はベッドの上でバウンドしています。それは夢の中で見た男性の、痙攣の姿そっくりでした。

これが兄との、六年振りの再会です。通訳は全て、教会員のB氏が務めました。主治医の説明では「頭部の損傷が大きく、呼吸以外の殆どの機能は失われています。回復の可能性は全くありません。この若い命を救うべく全力を尽くしましたが、ほぼ絶望です」というお話でした。

十五日には、決断を迫られました。

「今は薬物投与などにより、延命している状態です。これから先、薬の副作用が出てきて、その副作用を抑えるため、違う薬を投与するという繰り返しになります。もちろんご家族の希望を最優先しますが、人道的に、呼吸器を外し、静かに最期を迎えさせてあげることを考えて下さい」

発泡スチロールの冷蔵庫

K子さんも交え、「一日考えさせて下さい」と答えました。話し合った結果、翌日、人工呼吸器を外してもらいました。

兄の目はわずかに開いたままですぐ乾くので、時たま看護婦さんが目薬を注入してくれます。それを知らない母は、涙が縊れるように潤んだ兄の目を見て、

「淳志、泣いてるんかなあ」

と呟いていました。

十七日、兄が滞在していたニューヨーカーホテルへ行き、荷物の整理。アメリカに来て六年たつのに、兄の荷物は驚くほど僅かでした。衣類の多くは以前私が着ていたもので、パジャマには穴があいていました。

部屋の隅には、プラスチックでできたオモチャのような一人用炊飯器。その横に、発泡スチロールの中に水の入ったコップ二つと黴びたミカンにパンの食べかけ。これが即席の冷蔵庫だと気づくまで、時間がかかりました。水は氷の溶けたもので、そのせいでミカンは黴びてしまったのでしょう。

この日の夜九時十六分、兄・淳志は息を引き取りました。統一教会に入って家を出てから十

三年、あの即席冷蔵庫が、兄の生活の全てを象徴しているようでした。

翌日は警察の検死。十九日は、統一教会による葬式。「昇華式・元殿式」というのだそうです。葬儀のやり方もニューヨークの墓地に埋めるということも、全て統一教会の主張のまま。天に召されることは新たな旅立ちだからと男性は白いネクタイ、女性は赤いカーネーションを付けた服装や、埋葬の際に両手を挙げて「万歳（マンスエ）」と叫ぶのは、それがやり方なら仕方ありません。ただ、せめて日本へ連れて帰りたいという母と私の願いが、どうして無視されるのでしょうか。日本へ持ち帰ったのは、わずかな遺髪と爪だけでした。

帰国して二十四日に大阪・阿倍野教会で行われた「昇天祈祷会」も、家の親戚も集まるというのに、ずいぶん勝手なやり方でした。この時、兄を街頭アンケートで伝道した「霊の親」と呼ばれる女性が来ていて、父と私に挨拶していきました。後でその事を母に話すと、

「どうして教えてくれんのや！　ほっぺたの一つや二つ、張り倒してやったのに」

と叱られました。

統一教会のやり方に我慢がならないのは、式典の方法だけではありません。

六月上旬、統一教会の総務部長と阿倍野教会の副会長、それに「家庭教育コンサルタント」という名刺を持った人物が家を訪れました。母が、「死亡診断書には『就業中に事件に巻き込まれた』とある。労災は適用されないのか」と尋ねると、統一教会の人間でもないコンサルタント氏は「信徒活動中の事故です」と言います。

今もって、彼がどんな立場で家を訪れ、どんな権限をもってそう言ったのか、納得できません。また、「健康保険や年金はどうなっているのか」との問いは、次に訪れた統一教会アメリカ事務局の人によると、「若い信者は保険や年金には入っていない」とのことでした。結局、統一教会からは香典として二百万円あまりが出ただけです。その無責任さに、一時は損害賠償の裁判を考えたこともありました。

なぜ日本で報じられないのか

しかし一年たった今となっては、お金の問題はもういいのです。私たち家族の願いはまず、兄の遺体を日本へ引き取りたいということです。

次に、事件の真相を知りたい。現地の教会員に、「テレビで公開捜査をしている」と聞いたが本当なのか。本当なら、どう進展しているのか。

真相といえば、事件発生から家に連絡があるまで、十二時間もかかったのは何故なのか。A氏の話では、兄は救急隊に囲まれていたので近づけず、どの病院に運ばれたのかを突き止めるまで時間がかかったということでした。

しかし友人なら、人をかき分けて近寄り、「彼は私の友人だ」と名乗り、救急車に同乗するものではないでしょうか。

アメリカでの埋葬にこだわったことといい、事を表沙汰にすまいとする統一教会側の意図のようなものが感じられてならないのです。今思えば、当時の私たちは統一教会の実態について、まだまだ認識が甘かった。それが残念です。

またこの事件は、なぜ日本で報じられなかったのか。外務省に問い合わせても、海外で亡くなった日本人の中に兄の名前はありません。

そしてマスコミを通じて訴えたいことは、統一教会の信者の悲惨な生活と危険です。身内に信者がいない人にも、ここに述べたような実態を知っていただきたいのです。

今も夢を見ます。この前はこんな夢でした。

——兄から電話が入ります。

「今、大阪空港にいるんや。車で迎えに来てくれ」

私が二階の窓を開けると、迎えに来いと言ったはずの兄が歩いてくるのです。部屋へ入れると、うれしそうにアメリカの話をします。そのうち、

「台所で魚さばいてやるわ。うまいんやで」

と立ち上がります。そこで私が我に返り、

「兄貴は死んだはずやのに」

と思った瞬間、

兄は寂しそうな表情になって、やがて顔がぼんやりと消えていきます――。

思い出を辿るのは辛く、私たち家族の無力さは情けない限りですが、兄の死を無駄にしないためです。

どうかこの現実を、わかっていただきたいのです。

〔追記〕
船木氏の家族はこの記事の翌年、家庭裁判所での調停を経て、兄の遺骨を日本へ持ち帰ることができた。しかし殺害の犯人は、まだ捕まっていない。

2 「合同結婚式」の悲劇　日本人妻はなぜ韓国人夫を殺したのか？

（『週刊文春』2012年12月6日号）

桜田淳子らが参加して社会問題化した合同結婚式から二十年が経つ。それ以降も統一教会は、「祝福」の名のもとに日本人女性信者を韓国に送り続けている。今年八月、そのうちの一人が韓国人夫を殺害する痛ましい事件が起きた。悲劇を招いた原因は何だったのか——。

『冬のソナタ』の舞台として知られる、韓国江原道の春川《チュンチョン》市。ドラマが放送された〇四年には、三十七万人もの日本人観光客がロケ地を訪れたという。しかしいまこの街で見かける日本人は、統一教会（世界基督教統一神霊協会）の国際合同結婚式で韓国人と結婚し、住みついている女性たち。

現在、韓国に住む日本人女性はおよそ一万八千人。そのうち約七千人が、統一教会の信者だとされる。

夫を殺害したM子（52）も、そんな一人だった。八月二十一日午前三時ごろ、一一九番に緊

急通報の電話をかけたM子は、

「病気の夫の調子が悪い」

と告げた。救急隊が駆けつけると、夫の朴ジェグンさん（51）は、床に座って頭を垂れた格好で、すでに呼吸が止まっていた。運び込まれた江原大学病院では、初め病死と判断された。しかし春川警察がM子に細かく事情を聞くと、様子がおかしい。「あなたが殺したのか」と質問されてから「はい」と言ってうなずくまで、二十分の沈黙があったという。

M子は前の日の昼に殺害を思い立ち、夜になって夫の鼻と口をタオルで塞ぎ、五分ほど首を強く押した。

彼女はなぜ、夫を殺さなければならなかったのか？

「結婚してからずっと、貧乏や夫の飲酒、乱暴に苦しんできた」

とM子は供述した。

九五年の合同結婚式に参加して以来十七年。朴さんはずっと無職で、生活は困窮。子供はいなかった。国からの基礎生活受給費約五十万ウォン（約四万円）と、M子が食堂や家政婦の仕事で一日十二時間働いて得る五十万ウォンとで、毎月の生計を立ててきた。

朴さんは十年前から腎臓病を患い、人工透析の費用七十万ウォンが月々の負担に重なった。M子は夫を日本へ連れて行き、医者に見せたこともあったという。

なのに朴さんは、酒を飲んでは暴れ、家の中の物を投げたり家具を壊したり、M子に悪態もつく。その扱いは、飼っていた犬以下に感じられるほどだった。

犯行現場となったアパートの同じ棟に住む女性は、

「旦那さんは仕事をせず、『病院に通ってる』と言ってた。奥さんは物静かで真面目そうな人だね。帽子をかぶって自転車で出かけるのをよく見たよ」

M子はアパート近くの小さな商店をときどき訪れ、かまぼこや豆腐などの食品を、少しだけ買うことがあった。商店主の男性が言う。

「あの夫婦が合同結婚式で結ばれたことは知っていた。奥さんは教会に通ってたが、旦那が行くのは見たことがない。いい奥さんだよ。旦那に酷使されたが、一所懸命に暮らしてた」

焼酎やマッコリを買いに来る朴さんに何度も、「外国人を嫁にしたんだから、きちんと責任を負うべきだ」と忠告したという。

「でもバイクの事故でケガをしたり、うまくいかなかった。酒を止めようとしたこともあったんだ。しかし性格が弱くて、知り合いが昼間から公園に集まって飲んでると、黙って横を通り過ぎることができない。

そのうち身体も顔も膨らんで、見るからに体調が悪いとわかった。もちろん本人だって気づいてただろ」

朴さんの健康悪化は近所でも知られていたから、前出の女性は事件後、近所でこう話し合ったという。

「十七年も我慢してきたなら、もう少しだけ我慢すればよかったんだ。何もいま殺すことはなかったよ」

M子は数カ月前から、春川の統一教会に顔を見せなくなっていた。韓国統一教会の関係者によると、

「M子さんは何度も教会に相談し、窮状を訴えたが、聞き入れられなかった。そのためガッカリして、教会に出てこなくなった」

また別の関係者は、

「M子は三年前から鬱病になったが、通院するお金がなかった。事件の一週間ほど前、日本から家族が来て連れ戻そうとしたが、彼女は拒否した」

統一教会選任の弁護士が精神鑑定を要請したため、M子は忠清南道公州市にある治療監護所へ移された。結果は軽度の適応障害。犯行時は精神的に弱っていたと認められたが、本人が治療を望まず、殺人罪で起訴。

十一月九日、春川地裁で初公判が開かれた。法廷に現れたM子は、生気も表情も乏しく、聞き取れないほど小さな声で、夫を殺したことを認めた。

「信者になれば結婚できる」

合同結婚式は内部では「祝福」と呼ばれ、「原罪から解放され、救済が実現する唯一の方法」だと教えられている。日本人信者の場合、参加費用は「祝福献金百四十万円」＋実費。統一教会にとって最大の行事であり、ほかの行事と同様の金集めイベントでもある。

祝福に参加して理想の家庭を築くことは、信仰生活の最大の目標だ。その参加資格を得るため日本の信者は、正体を隠した違法伝道や霊感商法に邁進する。

しかしM子と朴さんに、統一教会は祝福をもたらさなかった。警察の取り調べで、「宗教をもっているか」と聞かれたM子は、「いまは宗教はもっていません」と答えたという。

歌手の桜田淳子らが参加して注目を浴びた九二年は、三万組。M子が参加した九五年は三十六万組と風呂敷を大きく広げたから、人数を増やすため、信者以外からも広く参加者を募った。

「結婚相手がいない奴は統一教会に来い。すぐにでも結婚させてやるぞ」

という文鮮明教祖の言葉が伝えられている。

九五年八月、『週刊文春』の記者だった筆者がソウルの本部教会の壁に「未婚の男女募集」という垂れ幕を見たのは、合同結婚式のわずか一週間前だ。

大田《テジョン》市郊外の農村では、式に参加する三十四歳の青年に取材した。

〈「入信した動機は？」と尋ねると、いともあっさりとこんな言葉が返ってきた。「統一教の牧師に、『信者になれば結婚できる』と言われたから」〉（九五年八月三十一日号）

結婚相談所まがいの勧誘によって、信仰をもたないどころか、働かず、酒を飲み、暴力を振るう、それまで嫁の来手のなかった男性が多数参加した。しかし相対者（結婚相手）は再臨のメシアである文教祖によって選ばれるから、断わる権利などなかった。文教祖には、こんな発言もある。

「祝福を受けることはできないことを思えば感謝しなければならない。だから旦那さんが目玉がなくても、鼻がなくてもそれが問題ではない」

韓国に嫁ぐことは、日本人女性信者にとって大きな意味をもつ。文教祖と同じ韓国人男性との結婚は、何より名誉だ。加えて統一教会の教えでは「韓国はアダム国家、日本はエバ国家」で、エバはアダムに奉仕しなければならない。「日帝三十六年の植民地支配」に対する贖罪も必要だ。

こうして、苦労すればするほど「蕩滅《とうげん》（罪の清算）」になると教え込まれた女性たちは、どんな境遇でも労苦を厭わず、良妻賢母を目指し、夫の父母に尽くそうとする。自治体や農協が選ぶ「孝婦賞」などの賞をもらった女性信者は全国で百人以上に達し、今年六月には李明博大統領から直々に表彰された信者もいる。

M子と同じ九五年の合同結婚式で韓国の農村に嫁いだ、元信者の女性が言う。

「自分が認められるのは、統一教会が認められること。そう思って、みんな必死に頑張るんです」

教えの問題に気づいて脱会したこの女性は、

「今回の事件は、とても他人事とは思えません」

とうつむく。

全国霊感商法対策弁護士連絡会に所属する大神周一弁護士は、同じ合同結婚式に参加した元女性信者を思い出したという。この女性が相手の韓国人男性と初めて会ったのは、式のわずか二日前。式の後には、思いがけない事実を知らされた。

「あなたの相対者は以前にも参加申し込みをしたが、重度のアルコール中毒のせいで拒否された。今回は親が多額の献金をしたおかげで参加できたんだ」

純粋な信仰を打ち砕かれたこの女性は、悩んだ末、家族の助力もあって脱会を決めた。そして、婚姻無効の確認を求めて訴訟を起こした。相手の男性が公園で横死しているのが見つかったのは、二〇〇〇年の冬の朝。裁判は翌年、勝訴が確定した。同様の婚姻無効訴訟はこれまで五十件近くあり、ほとんど原告が勝訴している。

大神弁護士が続ける。

「この女性はその後、『統一教会の正体を隠した伝道は違法だ』とする訴訟の原告団にも参加し、勝訴しました。その判決文は、『文鮮明の選んだ相対者を断ると、自己や先祖の救いの道が閉ざされ、病気や怪我をしたり又は死んだりすることになるとか、死後地獄に行くことになるなどと思って苦悩し、相当の精神的苦痛を被った』、『合同結婚式への参加に向けられた各行為には、原告らの婚姻の自由を侵害する違法がある』と判示しています。統一教会の合同結婚式には、重大な問題があります」

合同結婚式が四億組も？

関西学院大学非常勤講師の中西尋子氏（宗教社会学）は、在韓の日本人信者から暮らしぶりの聞き取り調査を行なうとともに、日本語の内部機関紙『本郷人』の紙面を分析。「本郷互助会」というコーナーには、「今月の援助対象者」として、困窮する家庭の内情と援助内容が掲載されていた。

内容は主に、夫のアルコール依存症や病気、精神障害、自分や子供の健康、借金問題など。

○四年六月号には、次の記載がある。

〈夫がアルコール依存症で4、5年間仕事をしていません。本人が工場で働いていますが、月57万の給料で生活が困難です。現在、不景気のため2ヵ月給料が出ていません。（略）身も心も疲れ果て、生き地獄から解放されたい心境ですが、逃げる訳にもいかないので、互助会で何か力になっていただけたらと思います。

【援助内容】米20kg×6ヵ月、職の斡旋〉

ほかの例でも、「見舞金50万ウォン支給」「100万ウォン貸し出し」といった援助内容が記載されている。それがどれほどの助けになったかは不明だが、

「M子さんと同様の境遇で苦しむ女性は、少なくないと思います。M子さんは事件では加害者ですが、合同結婚式による被害者の一人だともいえます」（中西氏）

M子は助けを求めなかったのか？　日本の統一教会広報部に聞くと、

〈遠慮されてか、相談や援助を求めることはありませんでした。そのため、友人たちが互助会と所属教会に働きかけ、訪問相談、食事の援助、生活費の支援などを出来うる限りの援助を行ってきました〉

真面目な信仰をもつ日本人女性と、信仰をもたない韓国人男性とのマッチングは、祝福の矛盾を象徴しているのではないかと聞くと、

〈統一教会の結婚がすばらしいのは、同じ価値観を共有し、夫婦が互いに神さまを中心に「ために生きる」理想的夫婦になろう、理想的家庭を築こうと支え合い、協力し合っていくことです〉

しかし〈同じ価値観を共有し〉ていないM子と朴さんのような夫婦を大量生産すれば、問題が生じるのは当然。「本郷互助会」のような組織が必要になることが、何よりの証拠だ。

合同結婚式は九五年の三十六万組のあと、四千万組、三億六千万組、四億組と発表された。

その後も、ほぼ毎年行なわれている。

何億もの参加者を、どうやって集めたのか？　統一教会はダミー団体を作って「純潔教育キャンペーン」という運動を行ない、「純潔キャンディー」と称する飴を作った。韓国では幼稚園や小中学校へ行ってタダで配り、日本では街頭で配った。そして、受け取った人を参加者としてカウントしていたのだから呆れる。

数々の問題を何も解決することなく、文鮮明教祖は九月三日に死去した。九十二歳だった。日本人信者三万二千人に対しては、十二万円の特別献金を持って弔問するよう指示が出た。これだけで三十八億円。教祖亡きあとも、金集め第一の体質は何も変わらない。


〈追記〉

二〇一三年一月二十九日、M子に一審判決が下された。検察の求刑七年を上回る十年の懲役と、犯行に使われたタオルの没収。適応障害と心神耗弱の情状は酌量されたが、離婚などの選択をせず犯行に及んだ点や、被害者の父の厳しい処罰感情が考慮された結果だ。

「判決を書面で読みたい」と答えたM子の声は小さく、裁判長まで届かなかった。M子は控訴したが翌日に取り下げ、刑は確定した。

3 命尽きるまで　飯干晃一「統一教会との死闘」

（『週刊文春』２０００年１月６・13日号）

「闘う以上は勝ちますよ！」

統一教会（世界基督教統一神霊協会）に入信した娘のタレント・飯星景子さんを取り戻すことを、作家・飯干晃一氏は記者会見で、宣言した。

平成四年、小誌の統一教会批判キャンペーンは、景子さんの脱会でピークを迎える。だが、晃一氏は、娘の奪還に成功したあとも、振り上げた拳を決して下ろしはしなかった。

大阪読売の社会部で腕っこき記者として鳴らした晃一氏から、学ぶことは多かった。たとえば、顔を知らない相手を捕まえて談話を取るコツ。

「声をかけるとき、『〜さんですか』では『イイエ』と返されておしまいだ。『ですね』と、いきなりおっかぶせてしまうのが秘訣だよ」

この方法と〝景色に溶け込む張り込み術〟で晃一氏は、景子さんが接触していた教会幹部を自宅前で待ち受け、一度で取材に成功。これまで数多くのマスコミが接触しながら失敗した相手だった。

晃一氏が突然、編集部に電話をかけてきたのは、平成四年九月二十五日。景子さんの「統一教会入信」を報じた号の発売翌日だ。開口一番、

「宣戦布告したいんです」

という台詞に、受話器を握る担当デスクは、記事への抗議かと緊張した。

だが晃一氏の電話は、統一教会への宣戦を告げるものだったのだ。

我々が初めて顔を合わせたのは、翌二十六日夜。張り込みで幹部を捕まえたのは、実にその翌日という早業だ。

そんな突撃取材の陰で、晃一氏は何をしていたか。当時、手記にこう書いている。

〈彼女が家を出てからというもの、私は統一教会に関する文献や資料を集め、読み通してきた。聖書を座右に置き、時には徹夜で読み込んだこともある〉

その勉強量は、後に膨大な書籍のヤマを見た専門家をして、「これだけ読めば、博士号が取れますよ」と感嘆させたほど。組織暴力団と全力で戦ってきた晃一氏は、残りの半生をかけて戦う相手を統一教会に定めた。

その決意は、景子さんの脱会に成功した後も、いささかも揺るがなかった。

〈何度も述べてきたように、娘が帰ってきたからといって統一教会との戦いを止めるつもりは毛頭ない。統一教会との本当の戦いは、これから始まるのだ〉（同手記）

そしてものした著書が、『われら父親は闘う』（ネスコ刊）。「私」でもなければ「作家」でもなく、「われら父親」。このタイトルこそ、一過性のパフォーマンスではない、真摯な姿勢の現れだ。

だから晃一氏は、入信した子供をもつ全国の親たちからの手紙に、一つひとつ丁寧に対応した。山﨑浩子さんの脱会を、我がことのように喜んだ。統一教会に反対する集会があれば、一人の父親として、参加者に連なった。

それどころか、暇があれば東京・渋谷の統一教会本部へ出かける。見知らぬ若い信者たちを喫茶店に誘っては、

「君は間違ってるぞ」

と説得を繰り返していた。教会本部から何人もが血相を変えて飛んで来て、信者を連れ帰ることもあったという。

のちに教会では、「今日は飯干さんが来てるから、みんなウラから帰るように」との通達さえあったと聞く。

だが、そんな地道さを、自ら語る機会は稀だった。同様に、他人に弱みを見せることも、晃一氏の美学に反した。

景子さんが書き上げた脱会手記にクレームをつけた一件は、実に象徴的だ。家族で話し合いに入る場面に触れた次の文章が、目に止まったのだ。

〈父親の顔は憔悴しきっていて、十歳ほど歳をとって見えた。その声は今まで娘として聞いたことのない消え入りそうな弱々しい声だった〉

晃一氏は鋭く反論した。

「オレは、憔悴なんかしていない！　弱々しく見せたのは、作戦だったんだ」

これには景子さんも譲らず、大激論となる。

このときの仲裁役は、妻の洋子さんが差し出した好物のバランタイン十七年もの。その魔力に晃一氏は矛を収めたが、いつも社会問題をテーマに熱い議論を戦わせていたという二人が、本来の親娘の姿を取り戻した証でもあった。

「いつもカッコよすぎる人なんですよ」

と、洋子さんは笑って振り返る。晃一氏は生前、よくこう語っていたという。

「オレが死ぬときは、あっという間に死ぬ。入院なんかで、お前らの世話にはならん」

その言葉通り、平成八年三月、急性心筋梗塞で突然の逝去。どこまでも美学を貫いた、七十一年の生涯だった。

4　統一教会に母や子どもを奪われた家族の戦い

（『週刊文春電子版』２０２２年10月21日）

統一教会（現・世界平和統一家庭連合）は「幸せな家族づくり」を標榜しながら、現実には数多くの家族の幸せを引き裂いてきた。妻や子が入信すれば、家族は必死に救い出そうとする。「信仰を捨てれば、自分も家族も地獄に落ちる」と信じ込まされている信者は、ウソをつき、抵抗する。５つの家族の実例から、マインドコントロールの恐ろしさと脱会の難しさを見ていく。

①一年半に及ぶ話し合いで、次女を取り戻した両親と姉の話

○○家は、関西で会社を経営する父と母、長女、長男、次女という家族構成。入信した次女を取り戻すまでの道のりを、両親と長女が振り返った。

長女「妹は、池袋の駅で原理研究会に声をかけられました。大学に入って上京したばかりでした」

母が「原理を続けるなら、大学には行かせない」と詰め寄ると、次女は「辞める」と応じた。その言葉を信じた母だが、どこかおかしい気持ちも残ったという。大学を卒業後は、一般企業に就職した。

母「様子を見に上京して、『会社の近くでお昼ごはんを食べよう』と誘ったら制服姿で来たので、少し安心しました。でも脱会後に聞くと、仕事のあとに教会の活動で訪問販売などをやっていたそうです。訪問先でピンポンを押しながら寝てしまったことがあるほどハードな生活で、会社では居眠りばかりしていたと言っていました」

次女から母に「実はいまも統一教会に入っていて、会って欲しい人がいる」という連絡がきたのは、相対者（結婚相手）のことだった。黙って合同結婚式に参加してから三年。教義で決められた「聖別期間」が過ぎ、同居を始めるタイミングを迎えていた。

長男と長女は「このままでは家族が分断される」という危機感をもち、ネットで調べて脱会支援をしているグループに辿り着いた。

長女「あのまま結婚してしまえば、私にとっては甥や姪、親にとっては孫が生まれて、二世信者になります。その子たちは苦しみ続けるだろうし、私にとっても、血の繋がりのある子たちと会うこともできない状況になるかもしれない。そこで家族みんなが、妹の問題に真剣に向き合うことにしました」

父「我が子は被害者だと思っていたんですが、いろいろ勉強した結果、勧誘活動や霊感商法に従事すれば加害者になることを知りました。すでに反社会的行動を行なっている我が子の脱会を実行しなければ、自分の人生の先が見えないと感じたんです。

脱会の説得には、じっくり話し合う時間が必要です。子供たちはそのために仕事を辞めると決めましたから、親としては大変なプレッシャーでした。私自身の会社にも空白期間ができるので、相応の準備をしました」

話し合いに入った次女は、すぐに「もう辞める」と言った。またも偽装脱会だ。しかし家族には見抜けない。

父「我々も苦しいので、脱会と聞いた途端に舞い上がってしまうんです。お手伝いをしてくれたキリスト教関係者に向かって、『ウチの娘はたいしたことなかったみたいです』と言ったら、一笑に付されました」

一年半に及んだ話し合いの末、間違いに気付いて本当に脱会を決めたとき、次女は三十歳になっていた。激しく落ち込んだ次女の口から出たのは、家族が予想もしなかった「どうして、もっと早く助けてくれなかったのか」という言葉だった。

統一教会は信者に、「あなたには、家族を救う氏族メシアの使命がある。あなたが頑張らないと、家族全員が地獄に落ちる」と教え、恐怖を煽る。それに対して次女は「なんで私が、この家族の中からメシアに選ばれちゃったんだろう。こんなことやりたくない。辛くてやめたいけど、やめられない」と苦しみ続けてきたというのだ。

長女「妹にとってみれば、それなりの人生を歩んだはずの二十代を台無しにされたわけです。脱会しても、社会に出て行けるのかという不安は凄かったみたいです」
母「自分が勧誘した人のことを考えて悩んでいるのを見るのが、私は可哀想だった」
父「この問題の解決には、忍耐を要求されます。専門のカウンセラーや脱会経験者がケアをしてくれなければ、とても難しい。次女の脱会を通して家族の関係は再構築され、絆は強固になりました。脱会後の喪失感が大きいので、そこを受け入れられる家族がいるかどうかも、ポイントになると思います」
次女は一般の男性と結婚して、二人の娘の母になっている。

②四十歳で入信した母を脱会させた息子の証言

山上徹也容疑者の母のように結婚後に入信した女性信者は、壮婦と呼ばれる。

「四十歳で専業主婦だった母の様子がおかしいと、まっさきに気付いたのは父でした。付き合う相手が変わり、家にいる時間が短くなりました。明らかに疲れて、イライラしていました。自分で会社を経営していた父は、必要な生活費だけ母に渡していました。母が自由に献金できる金額は限られていたため、食事が質素になりました。安くてカサがあるからか、冬瓜がよく出たのを覚えています」

脱会後にわかったことだが、それでも献金額は五百万円に達していた。キャッシュローンのほか、息子たちの学資保険を解約。さらに、お金を貸してくれる信者を教会から四人も紹介してもらい、借りたお金を捧げていた。四年で脱会できなければ、被害はどこまで膨らんでいたことか。

「父から『脱会させたい』と持ちかけられましたが、僕がすでに勧誘されているかもしれないと考えて、探り探りだったようです。脱会支援をしてくれるキリスト教関係者を父が探し出し、一緒に相談に行きました。僕にはまだ、統一教会が反社だという認識がなかったので、最初はその人を信用していいのかもわかりませんでした。

脱会させなければいけないという気持ちがだんだんと固まったのは、本を読んだりして、統一教会が普通の宗教とは違う悪質なカルトだと知ったためです。母は被害者ですが、ほかの誰かに対して加害者になってしまう。食い止めなければ、という考えに至ったからです。それに、大学生だった僕は家から出てしまえば逃げられますけど、高校生と小学生だった弟たちは、いずれ入信させられるに違いありませんからね」

脱会の説得は、親が子どもに対して行なう場合が多く、夫や子どもたちが壮婦を助け出すケースは少ない。

「統一教会から妨害される恐れがあるので、自宅とは別に話し合いの場所用にマンションを借りて、家族全員の仮住まいとしました。経営している会社のことが気になる父には、次第に焦りが生まれました。父の気持ちが折れないように、僕は気を遣いました」

弟二人には学校を休んでもらったが、下の弟の欠席は小学校で問題になった。母を伝道したのが同級生の母親だったから、なおさらだ。

「父と僕で校長先生に事情を説明して、承諾を得ました。母は脱会後、ほかの信者の脱会支援活動に、積極的に関わり続けています。

時期的には、山上容疑者の母親が入信したのと同じころです。きちんと相談できる場所に辿り着けなかったのが、山上家の不運だと思います。専門家の力を借りず、家族だけで助け出すのは困難だからです。それと我が家の場合、父が積極的に動いたので母を救出できました。父親を早く失くしている山上家の子どもたちだけでは、どうすることもできなかったかもしれません」

山上容疑者の母が1億円もの献金をしたのは、先祖の供養に役立ち、家族の幸せのためになると信じ込まされたからだ。統一教会は信者とその家族に、教えとは真逆の現実をもたらしている。

③連れ戻しては逃げられ、を五回繰り返した末に

△△家は、両親と娘二人の四人家族。長女が統一教会に入信したのは、短大を卒業して就職

した二十歳のときだ。会社を辞めて献身（統一教会の仕事をすること）した長女は、家を出て共同生活に入り、霊感商法に従事した。本人が語る。

「数珠や宝珠、観音像を売りました。『お清め』というのもありました。『お金をいったん預けなさい。お清めしたら返します』と言いながら、その間に伝道するための教育をするんです。具体的に言うと、家計図と全財産を書かせて、封筒に入れて封をします。『先生がこれをお清めしますから』とその場を離れたら裏ですぐ封を開けて、『ああ、いくらいくら持っているね。じゃ、この金額ぐらいまで取ろうか』と相談していました。罪悪感はなくて、それがその人の救いになる。やらなければいけないと信じていました」

教会にも個人にも、毎月の売り上げノルマが科せられていた。朝早くから夜まで戸別訪問を続け、寝るのは深夜1時くらい。常に疲れていたという。

「ドアのチャイムを鳴らしてから、開けてもらうまでの間に寝ちゃって、ドアにぶつかってしまうとか（笑）。給料は貰えませんけど、衣食住はすべて教会が負担するので、お金に困ることはありませんでした。月に一万五千円だけお小遣いをもらって、生活していました」

しかし母は、たまに帰宅した娘の見た目の変わりように驚いた。おしゃれが好きだったのに、洋服も買わなくなり、髪型もあまりに無頓着だったからだ。いつもお腹を空かせていて、食パンの袋を開けるなり、たちまち一斤食べてしまうこともあった。暮らしぶりを心配するのは当然で、信仰にも反対する。

長女は、こう振り返る。

「統一教会では『親は必ず反対するけど、あなたのことを思っているのだから、反対する親を許さなきゃダメだ』と教えられています。その食い違いが神様の悲しみなんだと思えば、ますます信仰が深まっていきました」

両親は教会の施設に出向いて娘を家に連れ戻しては、説得を試みた。彼女はそのたび、「脱会する」と偽っては機会を見つけ、教会へ逃げ帰った。あるときは、教会に置いてある荷物を引き取りに行くことにして、アベル（信仰上の上司）に電話をかけた。

「親に会話を悟られないよう、アベルから『ハイかイイエで答えてね』と言われて『本当に辞めたの?』と質問されたので、『イイエ』と答えてから荷物を取りに行きました。教会に着いて、アベルから親に『ここは神聖な場所なので、入らないでください』と言わせて、私だけ中に入りました。今後、どうやって戻って来るかの段取りを打ち合わせてから、荷物を持って外へ出ました」

妹と二人で駅前のレンタルビデオ屋へ出かけた彼女が行方をくらましたのは、その夜のことだった。

このように、連れ戻しては逃げられるを五回も繰り返したのち、両親は自力での脱会説得を諦めた。専門家の力を借りることに決め、勉強会に通って、我が子を統一教会に取られて苦しむたくさんの親や、脱会に成功したのち、あとに続く家族の支援をしている元メンバー

たちと知り合った。母は、

「脱会した方たちも、親子で勉強会に参加していました。その体験話を聞いているうちに、『ウチにも希望があるかな』という気持ちが、だんだん大きくなりました」

と振り返る。やがて、専門家を交えた話し合いが始まり、長女は脱会した。そのあとに、家族がそれぞれに綴った手記がある。次女は、当時を振り返って書いている。

〈姉の話は矛盾だらけだった。中でも特に驚いたのが、「教義には間違いがある。百%正しい教えを知ってからやめれば、やめた人たちは救いようがない。だから神の愛で、わざと間違いがつくってあるのだ」というものであった。こんな常識で考えれば笑ってしまうような話を真剣に信じている姉に、とても驚いた。その他、霊感商法、ニセ募金、真理のためなら嘘も許される等々、言っていることはめちゃくちゃだった〉

長女本人は、こう顧みる。

「脱会説得は信仰を試される場だ、と教え込まれていました。『信仰が足りないから、こういう悪いことが起こるんだ。頑張って乗り越えなきゃいけない試練だ』と。教会をやめたらよくないことが起こるという恐怖心や、死後の世界で苦しむんじゃないかという不安も植え付けられていました」

頭の中で脱会を決めたあとも、彼女には捨てられない物があったという。

「教会で配られた『お母さま（韓鶴子総裁）の石』を手放せなくて、一年くらい服の内側に隠して持っていました。怖かったんです。でもあるとき、トイレのトイレットペーパーの台にポンと置いたまま忘れて出ちゃって、母に見つかりました。そこでようやく、手放す決心ができました」

入信から脱会まで、八年を要した。父が綴った手記には、自力で説得を試みていた頃に対する反省の言葉が並ぶ。

〈原理運動という言葉は知っていたが、これが統一教会と関係あるなどとは知らず、また統一教会そのものも単に新興宗教ぐらいにしか知っていなかったが、そんなところに娘がはまり込んでは大変。一日でも早くそういう環境から娘を引き離さねばという思いだけで、連れ戻しを繰り返していた。

行方不明になれば夜討ち朝駆け、見張りを続け、つかまえることだけが念頭だった。つかまえたあとどうするという方策ももたず、本人の気持ちも理解しようとせず、親の一方的な思いだけで行動していたのだった。つまり本人の気持ちを親からどんどん離れさせていくのは、当然の結果だった〉

〈心の問題であることに深く思いを致さず、単に統一教会から本人を離せばよいという形ばかりにこだわっていたのだ。本人の気持ちを心から理解しようとする努力、家族中で本心から話し合える家庭を作り上げる努力、そんなところが欠けていたように思う。

みんなの心を理解しようとせず、親の特権を振り回してきた子育ての積み重ねが、家庭崩壊

の事態を招いていたのだ〉
次女の手記は、もっと前向きだ。
〈今回のことで、私たちの家族関係は明らかに変わった。決して理想的な家族になったわけではないが、いろんなことを何でも話し合えるようになった。居心地がよくなったといえばよいのか、このことがなかったら、こうはなっていなかっただろう。
これは、我が家に課せられた試練であった。家族で一生懸命考え、地獄のようなつらい時を乗り越え、ひとつになれたら、それがマイナスになることは決してない。今でもケンカはするし、父や母も決して仲がよいとは言えない。でもそれも姉も私も「お父さんとお母さんには、それぞれこんなところがあるから、しようがないねぇ」と笑って見ていることができるのも、少しは成長したからではないだろうかと思っている。
ここまで来るのは本当につらかったけど、ウチにとっては必要なことだったのであろう〉
長女本人の話から、脱会を困難にしている理由が統一教会の教えにあることがわかる。入口に当たる伝道では正体を明かさずに接近し、相手の悩みや弱みを把握してから、手相や因縁話を使って不安や恐怖を煽る。判断能力を働かなくさせた上で「原罪から救われるには、再臨のメシア文鮮明を信じるしかない」と初めて明かすから、「信じない自由」がない。入信後は「辞めたら家族ともども地獄に落ちる」と信じ込ませるから、「辞める自由」がないのである。

④戸籍の除籍で、合同結婚式参加を知った両親と兄の証言

今年三十五歳になる娘が理系の大学を卒業する間際、指導教授が斡旋してくれた就職を断わると言い出したことが、異変の始まりだった。教授は「もしかすると、悪い宗教に入っているかもしれません」と両親に告げた。それが統一教会だった。

兄「妹の入信を知ったときは、自分の人生も自分の家族も否定されたようなショックを受けました。女性として自立したいと言っていた妹が、家庭で男性を立てるのが女性のあるべき姿だと言い始めたのは、統一教会の考え方に染められた証拠だと思いました」

母があちこち問い合わせをして、キリスト教関係者と巡り合った。家族揃って勉強会に何年も通い、救出の手段を模索した。勉強に使う聖書が娘の目に触れないように、気を遣った。反対派と繋がっていると悟られれば、警戒されるからだ。

母「ある日、娘の入ったお風呂場からピチャピチャと妙な音がするので、キリスト教関係者に訊いてみたら『回数を数えてみなさい。四十回だから』と言われました。確かめてみるとその通り。家族の理解を得るといった条件を立てるために、四十回の水浴びをするのだそうです」

父「いつ合同結婚式に参加するかわからないので、毎月のように戸籍謄本を確認しました。ついに除籍になっているのを目の当たりにしたときは、本当に身体から力が抜けていくのを感じ

ました」

母「結婚は事後の連絡だったんです。日本人とマッチングされて、いまは東北地方に住んでいます。相対者（結婚相手）と二人で約束なしに家へ来たことがありましたが、『会いたくない』と追い返しました」

相対者の両親と連絡をとると、やはり結婚に反対する立場だった。だが子どもが生まれると、諦めてしまったという。

母「しかし我が家では誰一人として、『もう認めてあげてもいいんじゃない？』と言い出す者はいません。ウソをついて人を騙し、世の中を操ろうとする統一教会が許せない。諦めるわけにはいかないんです」

父「娘が入信した原因は、私の至らなさではなかったのか。中学生や高校生のとき、もっと話を聞いてあげればよかった。そうしたら、こうなっていなかったのではないか。いつも自分を責めています。

今回の安倍元総理の事件で真っ先に気になったのは、娘の子どもたちにどんな影響が及ぶか、ということでした。学校でいじめられるのではないか。受験に差し支えるのではないか。

統一教会を批判する報道が盛んになったので、娘がどう捉えているのか知りたい。自分で間違いに気付いてくれないだろうか、と願っています。そんな考えは、甘いとわかっているのですが……」

⑤合同結婚式に出て韓国で暮らす娘を待ち続ける母

「娘が入信したのは二十五歳のときですから、もう二十年近くたちます」

と語るのは、七十歳を超えた母だ。

銀行員だった娘には預金獲得のノルマがあり、ある年の暮れ、両親にそれぞれ百万円の定期を作って欲しいと頼んできた。年が明けたら解約していいと言われて書類と現金を渡したが、口座は開設されなかったという。

あとから思えば、その二百万円は合同結婚式に参加する費用に充てたらしい。統一教会では、親にウソをつくなど当たり前だ。

「そのうち『自分のスキルを上げたいので、仕事を休んで韓国へ語学研修に行きたい』と言い出しました。ひと月半後に帰って来た娘は、顔つきも態度もガラッと変わっていました。またウソをついて、清平で四十日修練会に参加していたんです。『統一教会じゃないの？』と問い詰めても、『何それ？』ととぼけられました」

そのあと銀行を辞めてしまい、半年くらいたつと突然「結婚します。韓国へ行きます」と言い出したという。父も母も、止めてくれるように何度も話をした。しかし娘は、

「統一教会はオウムと違って、人を殺したりしないわよ」

「安倍首相がイベントに祝電をくれたのよ。変な宗教だったら、一国の首相が応援するはずないでしょ?」

と反論する。娘が本当に信じているようだったから、母も「そうかしら」と思ったりした。

娘は韓国人の男性とマッチングされ、現在は韓国に住んでいる。子供二人は高校生と中学生になった。

「いつでも帰って来られるように、あえて連絡を取っています。何かあったときに行き場がないのが一番辛いんじゃないかと思って、『どんなことがあってもあなたを受け入れるよ』という姿勢を見せるためです。家庭を持ってしまった以上、脱会させるのが難しいのは百も承知です。でも万にひとつ、本人が自分から脱会したとき、帰って来られる場所でありたいのです」

相対者には働く意欲が薄く、仕事はあったりなかったり。生計は、娘が働いて立てているという。

「韓国へ戻るとき空港へ見送りに行ったら、『心配かけたくないから言えなかった』と泣きながら帰って行ったこともありました。腕を掴んで『行かないで』と引き止めたいですよ。でもそれでは、解決になりません。苦しくて悲しくて、何とも言いようのない気持ちです」

韓国に住む日本人の信者には、「今年のお盆は帰省しないように」という通達が出された。日本で統一教会への反感が高まっているから、〝拉致監禁・強制改宗〟される恐れがあるという理由だ。

「ウチの娘は帰って来ました。我が家では乱暴なことなどされないと、安心しているんでしょう。親が諦めてしまったら、娘は誰にも救われません。情けないくらい何もできませんが、娘を救い出したい気持ちは少しも変わっていません」

娘は以前に帰省したとき、両親の先祖の家系を調べて、写真に撮っていったという。清平で行なわれる先祖解怨式に参加するためだ。

「娘がそんなことをするのは、家族の幸せを考えてのこと。優しい心を利用されているのです。先祖が地獄で苦しんでるから、救うためにお金が必要だなんて大ウソですよ。本人だけでなく家族までこんな目に遭わせて、人の命や幸せを金額で決めようとするなんて、統一教会は本当に許せません。これを機に統一教会を法的に規制しなければ、国民もマスコミも負けたことになると思います。

『家族が統一教会に入ったおかげで、あの家はみんな幸せになった』と聞けば、誰もが競うように入信するでしょう。そうなっていないのは、統一教会が誰も幸せにしていないのが現実だからです。世間に向けて『ウチの子は信者です』と胸を張れる親は、どこにもいません。それがなぜなのか、統一教会の偉い人たちには、よく考えてもらいたいです」

信者を抱えた家族の苦悩は、さらに続く。

5 統一教会訴訟　妻の死を乗り越え憲法違反の勝訴を勝ちとった弁護士の十四年

（『週刊文春』２００２年１月３・10日号）

「統一教会（世界基督教統一神霊協会）の団体名を隠した伝道方法は、憲法が保障する思想信条の自由を侵害している」

こんな画期的な判決が、平成十三年六月、札幌地裁によって下された。提訴から実に十四年。原告代理人の郷路征記《ごうろまさき》弁護士（58）は言う。

「長い闘いでした。しかし、裁判所がこちらの主張より深く事件を分析してくれたので、報われた思いがします」

昭和六十二年、統一教会の霊感商法が大きな社会問題になっていた。全国の弁護士と共に金銭被害の回復に携わっていた郷路は、ある日、統一教会を脱会した若い女性Aさんに出会う。彼女は、かつての自分が救いのためと信じて、たくさんの罪のない人を結果的には騙していたことを悔いていた。

「私は、『相手から多くのお金を出させるほど、その人の救いになる』と教えられ、信じ込まされていた。それが、無念でならないんです」

統一教会の信者は教義によって、〝すべての地上の財産を、天国の神様に返さなければならない〟と教え込まれる。そのために先祖の因縁話なども利用して、壺や多宝塔を高額で売りつけたのだ。ところがその金は、文鮮明教祖のもとへ送られていく。

妻は不治の病に

頬を伝う涙を拭おうともせずに訴えるAさんの姿を見て、郷路は思った。

「自分の金儲けのために、若者を騙して奴隷にするなんて、絶対に許せない」

これが、元信者の若者たちによる〝青春を返せ訴訟〟の始まりだった。着手金ゼロのボランティア仕事。最後には二十人に達した原告も、最初はひとりだった。

「マインドコントロールという概念さえ知られていない頃です。判例も資料も何もない、手探りのスタートでした」

仲間の弁護士もほとんどみんな、気乗り薄だった。「人格を操作されたという主張が裁判所に認められるとは思えない」「勝てるはずがない」。しかし元信者たちの思いが、各地の弁護士たちを突き動かし、訴訟の輪は全国へ広がっていった。後から提訴された裁判が次々に追い越して結審し、岡山地裁では一審で敗れたものの、最高裁で原告勝訴が確定している（平成十三年二月）。

審理の終局を迎え、郷路は五十万字に及ぶ最終準備書面を書いた。手応えはよかった。ところが……。

「判決の直前になって、裁判所が和解を勧めてきたんです。原告みんなと何度も確かめ合ったのは、『お金を取るための訴訟ではない。統一教会の伝道の違法性を、裁判所に認めてもらうのが目的』。その意思は裁判所にも伝えてあった。なのに、和解の勧告とは……」

郷路は敗訴を覚悟した。暗澹たる気持ちになった。

「実は判決の法廷に臨む前に、二十人全員の控訴委任状を取りまとめていました」

提訴から十四年が過ぎ、原告の多くは普通の家庭の主婦。統一教会信者だった過去とは無縁の生活を送っている。この先また、長い第二審を戦うのは大きな負担となるが、彼女たちの気持ちは、「いまも教会に残るかつての仲間たちのため、そしてこれ以上の被害者を生み出さないため、自分たちにできることはこれしかない」との強い思いで一致していた。

全面勝訴の言い渡しが終わると、郷路は期せずしてスタンディングオベーション。その拍手には、原告や支援者の万感の思いも籠められていた。

郷路は、平成七年に夫人を亡くしている。

「まだ五十三歳でした。視力が落ちて眼科へ行き、原因がわからずに脳の検査をしたところ、病変が見つかった。不治のガンで、診断がそのまま死の宣告でした。二日後に意識不明となって……。十カ月の闘病生活でした」

統一教会と初めて関わりをもったその夜から、自宅に無言電話がかかり始めた。そうした嫌がらせに耐えてきた妻だった。郷路はその後再婚したが、前妻を偲んでこう語る。

「私の仕事の三分の一は、この裁判です。彼女が支えてくれた裁判でした。それだけに、一緒に判決を喜び合いたかった……」

第 4 章

文鮮明一家「理想家庭」の真実

1　文鮮明はなぜビザ申請を取り下げたのか？

（『週刊文春』２００1年1月25日号）

「統一教会（世界基督教統一神霊協会）の文鮮明教祖（81）が、密かに来日を企てている。すでに韓国の日本大使館にはビザ申請しています」

統一教会関係者から、こんな仰天情報が舞い込んだ。

文教祖は本来、日本に入国できない。八四年に米国で脱税に問われ、懲役一年六カ月と罰金二万五千ドルの有罪判決を受けて服役したことが、出入国管理法第五条の上陸拒否事由に該当するためだ。

にもかかわらず九二年三月末に来日できたのは、自民党の一部議員、中でも金丸信副総裁（当時）の強力なプッシュによる超法規的措置だった。

今回は、一月十五日から十七日まで新宿の京王プラザホテルで開かれた「第十八回世界言論人会議」に出席する、というのが表向きの理由。

米・クエール元副大統領やヘイグ元国務長官を始め、六十カ国三百人あまりが出席したにしては聞き慣れない会議だが、この団体の創設者は文教祖。数多い統一教会の関連組織のひとつにすぎない。

統一教会広報部の説明は、

「招聘元も世界言論人協会の日本支部で、当法人は関係ありません。来日されたとしても、教会の行事に参加する予定はありませんでした」

だが、実際は違う。

信者たちは、「真のお父様（文教祖のこと）が入国できますように」と祈りを捧げていたし、「統一教会の大塚克己会長が、法務省出入国管理局へ何度も出向いて折衝を重ねていたそうです」（法務省関係者）

実際にビザ申請があったのは、今月四日。だが外務省外国人課によれば、十四日に自家用機で来日する予定の直前になって、自ら申請を取り下げた。

その理由を統一教会広報部は、こう説明する。

「十九日にアメリカのワシントンDCで、次期大統領就任のための祈祷会がある。当初は日本に立ち寄ってからのはずでしたが、準備のために予定を変更され、直接アメリカへ向かわれたと聞いてます」

しかし真相は、ビザが出る望みは薄い、と入管が教会側に伝えた結果。

「発給を断わられたのではカッコがつかないから、取り下げたのです」（入管関係者）

ジャーナリスト・有田芳生氏が語る。

「前回の来日は、急遽作られた『北東アジアの平和を考える国会議員の会』の招待という名目でした。しかし入国後は、信者たちを集めて経済活動にハッパをかけた。いま、日本のカネ集めは相当厳しくなっています。支部教会向けに『聖本』を一冊三千万円で売っていて、完売すれば八百四十億円になるはずですが全然売れない。今回の来日もおそらく組織のテコ入れを狙ったものでしょう。

北朝鮮との太いパイプをちらつかせれば、息のかかった国会議員たちが入国に動くと読んだのではないか」

九二年に三万組挙式と大騒ぎになった国際合同結婚式だが、統一教会によると、二〇〇〇年には四億組が行なわれたという。ただし実際は、

「純潔キャンディーと称するアメを街頭で配り、受け取った人を参加者数にカウントしただけ」（統一教会関係者）

昨年八月には、アラスカで鮭を釣りすぎて摘発され、韓鶴子夫人とともども罰金を科せられた顚末が外電に報じられた文教祖。

信者に対してはウソで塗り固めた布教活動ができても、化けの皮は剥がれつつある。

2　長男死亡でわかった文鮮明「理想の家族」の虚像

（『週刊文春』２００８年４月３日号）

統一教会（世界基督教統一神霊協会）文鮮明教祖（88）の長男文孝進氏（45）が死亡した。文教組には公には十六人の子どもがいるが、そのうち、なんと五人も亡くなったことになる。ジャーナリストの有田芳生氏が言う。

「〝真のご父母様〟〝理想の家庭〟と信者に崇めさせる文ファミリーですが、孝進氏は若いときから酒とドラッグの常用者。銃マニアでポルノビデオが大好き。家庭内暴力が酷くて離婚しました」

統一教会系のＵＰＩ通信は訃報でこう伝えている。

「ミュージシャン、パフォーマーでありマルチメディア製作責任者でした。十二のアルバムをプロデュースし、数千曲を作曲しました」

韓国統一教会の関係者が言う。

「アメリカ滞在中に体調が悪くなり、韓国へ戻ったところだったそうです。ソウル漢南洞の施設から、京畿道にある教会系のチョンシム国際病院に運ばれたが、十七日朝に亡くなりました。死因は心筋梗塞。十九日に各国で世界昇華式（葬式のこと）が行なわれ、韓国では二千五百人が参列しました」

孝進氏は十九歳のとき、父親の指示で幹部の娘・洪蘭淑《ホンナンスク》氏とアメリカで結婚。十五歳だった蘭淑氏は十四年後、五人の子どもを連れて文ファミリーから脱走し、裁判の末に孝進氏と離婚。『わが父　文鮮明の正体』（邦訳文藝春秋刊）と題する著書には〝理想の家庭〟の真実の姿が綴られている。

〈とくに、文家の子供たちとその両親のあいだの不和は私を唖然とさせた。孝進は「お父様」と「お母様」に対する軽蔑を決して隠そうとはしなかった。彼は両親を便利な現金の引き出し口座以上には見ていなかったようだ〉

あるとき彼女は、夫が常用するコカインを、トイレに流そうとした。

〈孝進は私を激しく殴った。手で私の血をふき取り、それをなめた。「いい味だ」と彼は笑った。私は妊娠七ヵ月だった。「その赤ん坊を殺してやる」と孝進は叫び、私には彼が本気なのがわかった〉

こうした行状を訴えても、文教祖は、〈「おまえは妻として失敗した。おまえ自身の過ちだ」〉と怒鳴り散らしたという。

統一教会で最大の罪は〝姦淫〟だが、九八年、アメリカのテレビ番組『ＣＢＳドキュメント』に、統一教会を脱会した文教祖の四女が登場。「父はメシアではない」と語った上、私生児がいる事実を明かした。蘭淑氏の著書によれば、あろうことかその少年は、お互いを異母きょうだいと知らないまま、文教祖の三女と恋愛関係になったという。

文教祖の子どもは、最初の妻との間に男児が一人。その結婚中にも信者の女子大生を妊娠させ、男児を生ませた。この子は十四歳のとき、列車から落ちて死亡している。

三十六歳で離婚し、現在の韓鶴子夫人（65）と再婚。その後、七男七女をもうけた。次女は生後間もなく亡くなり、次男は十七歳のとき、アメリカで自動車事故を起こして死亡。六男は二十一歳のとき、ホテルから転落死。警察は自殺と発表した。

蘭淑氏によれば、下の五人はアメリカ育ちで韓国語が話せず、英語ができない父親とコミュニケーションがとれなかったという。

これが〝理想の家庭〟と言えるのだろうか。

長男の孝進氏は当初、教団の後継者と目されたが、右のような有り様だったから、候補から外れていた。

「三男・顯進氏（38）と四男・國進氏（37）の争いですが、顯進氏が有力です」（統一教会関係者）

前出・有田氏が言う。

「日本の信者は、『孝進様が問題を起こすのは、お前たちが責任分担を果たさないからだ』といつも責められてきました。亡くなったいまも『信仰が足りないせいだ』と言われています。

その意味は『もっとカネを集めろ』ということ。統一教会による霊感商法の被害は、いまも年間四十億円に達します。風水を使う占いなど新たな手口も出ていて、今後も注意が必要です」

3　文鮮明ヘリ爆発で「統一教会」に3つの謎が浮上

（『週刊文春』2008年7月31日号）

「事故直後、統一教会側が『事故処理は自分たちでやる』と現場への立ち入りを拒み、地元の警察署長が搭乗者に面会を求めても拒否したため、さまざまな憶測が飛び交いました。教会系メディアの世界日報記者に教えてもらおうとしたら、逆にこちらが取材されたほど。『文鮮明教祖（88）は乗っていなかったのでは？』というウワサさえ流れました」（在韓ジャーナリスト）

十九日午後五時過ぎ、文教祖ら十六人を乗せたヘリコプターが山中に不時着。全員が脱出した後に爆発、炎上した。ヘリはソウルを出発し、清平にある教会施設のヘリポートに着陸する直前だった。

台風による視界不良で、木に接触したといわれるが、黒煙を噴きながら落下したという情報も。政府の航空鉄道事故調査委員会は「悪天候による事故で、機体に欠陥があったわけではないようだ」と発表したが、詳細はブラックボックスの解析を待つしかない。

乗っていたのは搭乗員三人のほか、文教組と韓鶴子夫人（64）、孫三人、あとは側近。統一教会側は、「文教祖は安全ベルトを締め、取っ手をしっかり握っていたために無事だ」としている。二十一日、韓国の統一教会は小誌にこう答えた。

「三十八歳の女性が腰の骨を折る重傷を負ったが、手術を受けて容態は安定している。韓夫人は腰の打撲。文先生は軽症で、警察には会っている。現場に誰も入れないという事実もない」

しかし地元警察は、「文教祖には会えていない」と話し、謎は残る。ジャーナリストの有田芳生氏が言う。

「もっとも情報が遮断されているのが、文教祖の負傷の程度です。八十八歳の高齢だし、心臓に持病もあるといわれる。教会系の清心国際病院の八階特別室で治療を受けているというが、『性格からして、元気ならすぐに姿を見せるはずだ』といぶかる関係者もいます」

事故原因、文教祖の容態に続き、第三の謎も。文教祖に〝もしも〟があれば、浮上するのは後継問題だが、実は最近、大きな異変があったのだ。

七月六日、およそ一年ぶりに合同結婚式が行なわれた。百五十三組のカップルを前に主礼を務めたのは、七男・亨進《ヒョンジン》氏（28）夫妻。統一教会にとって最重要行事の合同結婚式を文教祖の子息が執り行なったのは、五十年近い歴史で初めてのこと。これまで後継者には三男の顯進《ヒョンジン》氏（39）が擬せられてきたが、ここにきて、末息子が急浮上したようなのだ。

前出・有田氏が言う。

「いずれにせよ文教祖の回復のためと称して、新たな金集めが始まるかもしれません。要注意です」

4 「文鮮明は母をレイプした」婚外子の告発

（『文藝春秋』２０２２年10月号）

文鮮明は母をレイプした――そう告発するのは、アメリカ在住のサムエル・パク氏。信者たちからは「真の家庭」と崇められてきた教祖一族の、金と権力、陰謀渦巻く内幕を明かす。

「私の人生は、お金、セックス、権力、陰謀に翻弄された、韓流ドラマのようです。自分の出自を知ったのは、十二歳のときでした。両親だと信じていた人たちが実は他人で、本当の父親は文鮮明だということを」

こう語るのは、アメリカ在住のサムエル・パク氏（57・以下サム氏）。統一教会の教祖・文鮮明の隠し子だ。母の名は崔淳華《チェスンファ》さんといい、文教祖と結婚することなくサム氏を産んだ。統一教会の信者は、文鮮明・韓鶴子夫妻を「真のご父母様」、その家族を「真の家庭」と崇め、理想像として仰ぐ。だが現実は大きく異なる。

漢江のほとりで金色に輝く地上六十階建ての「63ビル」は、ソウルのランドマークのひとつだ。サム氏の祖父は、このビルを建てた大韓生命のオーナーだった。当時、大韓生命は国内二番目の保険会社で、祖父はサムスングループの創始者に次ぐ国内二番目の富豪だったという。

統一教会に入信した祖母は、創設間もない教団を財政面で支えた。

「一九七三年に亡くなるまで、祖母は膨大な金額を寄付し続けました。総額は数百万ドルに達します。私の母は、祖母によって統一教会の教えに導かれました。父・文鮮明牧師との関わりは一九五三年、母が十七歳のときに始まりました。父が強制的に、母の処女を奪ったのです。彼は母に向かって『真の母』になるよう運命付けられているから性的関係をもったのだ、と言い含めたそうです」

サム氏によると、文教祖は当初、淳華さんの姉・淳実《スンシル》さんと結婚し、七年後に離婚して、姉よりも気に入っていた妹と再婚する計画を立てていたという。そうすれば、崔一族の財産を独占できる。祖父は朴正煕大統領と親しく、青瓦台との太いパイプを得られると考えたのだ。

淳華さんがそうした企みを知って文教祖の下から去ったとき、お腹にはサム氏がいた。アメリカで生まれたサム氏は母から取り上げられ、統一教会のナンバー2だった朴普熙《パクボヒ》の実子として育てられた。周囲の人間は、サム氏に出生の秘密を明かさないよう命じられた。

自身の出生の秘密と「真の家庭」の矛盾を知ったサム氏は、母と共に信仰を捨てた。いま、教祖一族に対して何を思うのか。

「父・文鮮明は、本当に悲しい人間です。『全人類の真の父』や『再臨のメシア』でもなく、究極の偽善者です。文鮮明の家族は『真の家庭』ではありません」

文教祖には、判明しているだけでサム氏を含めて十七人の子がいる。母親は四人だが、他にも多数の女性がいた（家系図を参照）。

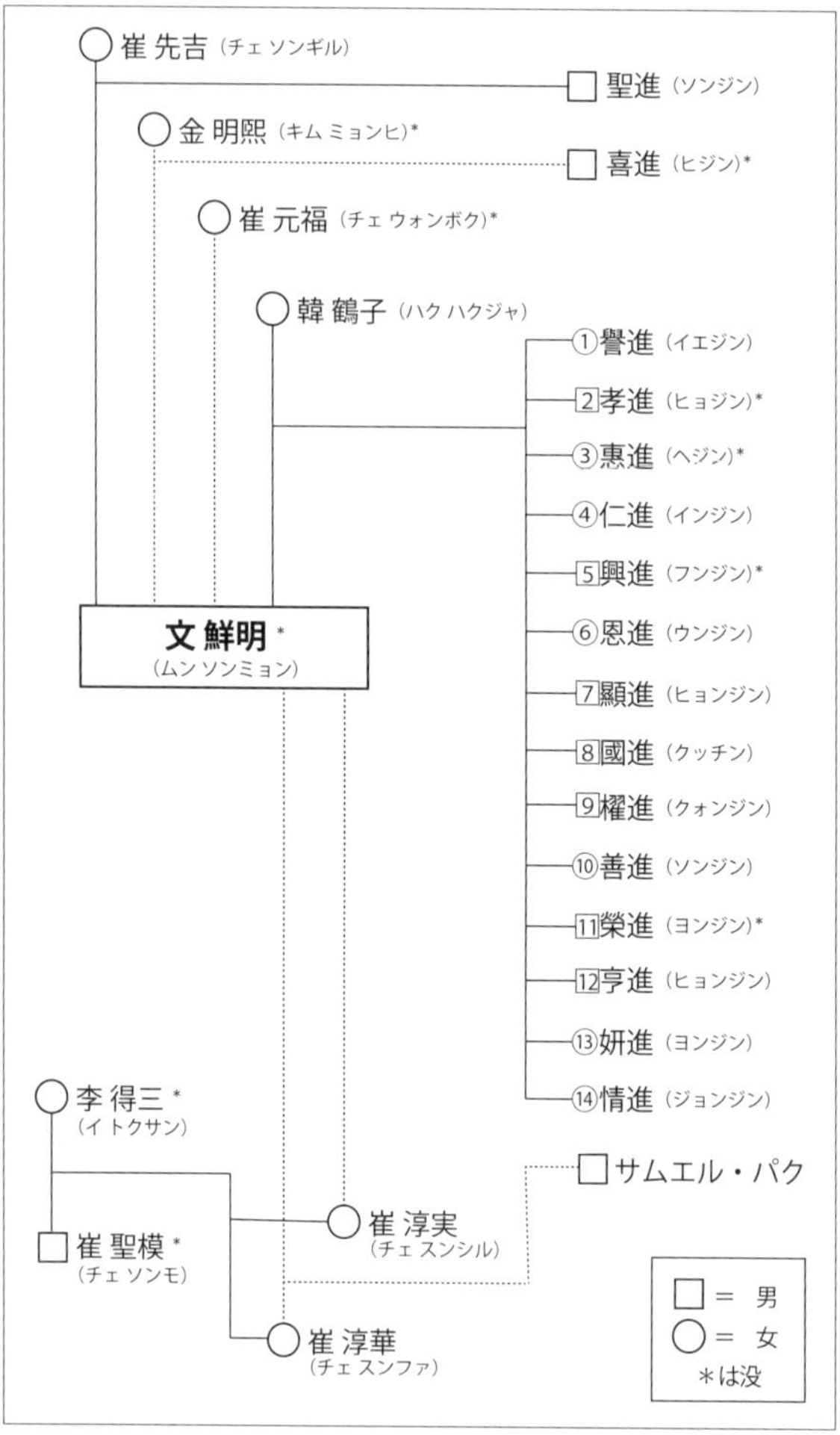

文鮮明一族の家系図

最初の夫人は崔先吉《チェソンギル》。文鮮明と同じ北朝鮮の定州出身で、一九四四年に結婚。一九五七年に離婚した。息子に文聖進《ソンジン》(76)がいる。

金明熙《キムミョンヒ》は、延世大学の三年生だった五四年に入信。翌年、日本で息子・喜進《ヒジン》を出産した。文鮮明が崔先吉と結婚していた時期だ。喜進は中学二年のとき鉄道事故で死去した。

統一教会が行なう合同結婚式では、見知らぬ男女がマッチングされるだけでなく、霊魂と生身の人間のカップルもある。これを「霊肉祝福」という。一九九八年に行なわれた三億六千万組と称する合同結婚式で、金明熙は聖人ソクラテスと霊肉祝福を受けた。二〇二〇年に死去すると「聖人祝福家庭　金明熙女史協会聖和式」が行なわれた。聖和式とは、葬儀のことを指す。

梨花女子大学の教師だった崔元福《チェウォンボク》は、常に文鮮明の傍にいて、韓鶴子夫人と長く同格の扱いだった。同じく九八年の合同結婚式で、釈迦と霊肉祝福。〇六年に死去し、「信愛忠母様」と呼ばれている。

サム氏の母・崔淳華さんは、前述の通り婚姻関係がなく、棄教したために金銭的な支援を受けられなかった。一族の多額の献金を取り戻すことも叶わず、母子は自己破産を余儀なくされた。

麻薬使用、不倫、自殺……

二番目の妻となる鶴子夫人は、一九六〇年に十七歳で結婚。当時四十歳だった文教祖と添い遂げ、七男七女を産んだ。子供たちは、生まれたときから原罪のない「真の子女様」と呼ばれる。

①長女　譽進《イエジン》（61）祝福二世と結婚したが、離婚。

②長男　孝進《ヒョジン》（二〇〇八年に四十五歳で死去）十九歳のとき、幹部の娘で十五歳の洪蘭淑《ホンナンスク》と結婚。二人は、ニューヨーク近郊にある一族の豪邸で暮らした。

蘭淑は十四年間の結婚生活ののち、五人の子供を連れて脱走。九七年に離婚した。『わが父文鮮明の正体』（前出）で、こう振り返っている。

〈彼（孝進）は教会の教義を破って、たばこを吸い、飲酒運転をし、麻薬を濫用し、婚前の、さらには婚外の性交渉をもった。この家族が聖家族？〉

ロック・ミュージシャンだった孝進は九九年に再婚し、さらに五人の子をもうけた。死因は心臓発作。

③次女　惠進《ヘジン》（生後まもなく死去）

④三女　仁進《インジン》（57）夫は朴普熙の二男。米国総会長を務めていた二〇一二年、ノルウェー人

のミュージシャンとダブル不倫の末に、婚外子を出産。職を解かれた。その後、離婚した仁進は、二〇一三年に不倫相手と再婚した。統一教会は信者向けに「仁進様の人事に関する見解」と題する次のような公文を出し、釈明に追われた。

〈真の子女様であっても、初めから完成しているわけではありません。（略）人間始祖アダムとエバが、罪の痕跡もないエデンの園で堕落したように、重大な愛の過ちを起こすこと自体はショッキングなことですが、あり得ないことではありません〉

七男は米議事堂襲撃に参加

サム氏が生まれたのは、鶴子夫人が仁進を妊娠中の時期にあたる。

⑤次男　興進《フンジン》（八四年に十七歳で死去）自動車事故で死亡。同年、朴普熙の長女・薫淑《フンスク》と霊肉祝福を受ける。薫淑は二十一歳だった。

⑥四女　恩進《ウンジン》（54）祝福二世と結婚したが離婚。離教して、一般人と再婚した。

⑦三男　顯進《ヒョンジン》（53）後継候補だったが、文教祖存命中に排斥された。教祖死去の際も弔問を拒否され、葬儀にも参列できなかった。

⑧四男　國進《クッチン》（52）アメリカで銃器製造会社Ｋａｈｒ《カー》を経営。子供ができずに離婚し、元ミスコリアと二〇〇四年に再婚。教義では許されない不倫の末のデキ婚だった。教祖の死後に失

脚し、七男を支援。
⑨五男　権進《クォンジン》（47）統一教会から離れた生活を送るが、文教祖の葬儀では遺影を持って葬列の先頭に立った。
⑩五女　善進《ソンジン》（46）鶴子夫人の傍にあって、世界会長などの要職を歴任。
⑪六男　榮進《ヨンジン》（九九年に二十一歳で死去）離婚後、ネバダ州リノのホテルで転落死。自殺とされている。
⑫七男　亨進《ヒョンジン》（43）文教祖から後継者に指名されたが、鶴子夫人によって追放された。アメリカで亨進が主宰するサンクチュアリ教会は、小銃を信奉し、弾丸を飾ったガンベルトのような王冠をかぶって礼拝を行なう。トランプ前大統領の支持者で、昨年（二〇二一年）一月の国会議事堂襲撃に信徒を伴って参加。コロナの流行は人為的だと主張している。今年六月に来日し、全国巡回集会を行なった。
⑬六女　妍進《ヨンジン》（41）統一教会は性的マイノリティを認めないが、同性愛者の映画を製作した。一四年、鶴子氏の主礼（仲人のこと）によって一般人と恋愛結婚。
⑭七女　情進《ジョンジン》（40）妍進と同じ日に鶴子氏の主礼で一般人と恋愛結婚。
日本統一教会の田中富広会長は、八月十日の記者会見で「合同結婚式のカップルの離婚率は二％以下」だと胸を張ったが、結婚した「真の子女様」は、十一人のうち六人が離婚している。

サム氏が語る。

「信者の大多数は何も所有していないのに、教祖の一家は莫大な資産を持っている。これは文一家が信者から搾取し、欲と腐敗にまみれている証拠です。自分たちは特別で、それ故に統一教会員も、その他の人間も虐待的に扱って問題ないと確信しているのです。人の心を騙して操作する、この家族を信用してはいけません」

文鮮明を操る鶴子夫人

「理想の家庭」の崩壊は、後継者の座を巡って徐々に顕在化した。文教祖は、四男の國進に経済部門、七男の亨進に宗教部門を担当させ、長兄である三男の顯進に全体をまとめさせる意向だった。ところが鶴子夫人は、顯進に権力が集中することを嫌い、四男、七男と組んで、追い落としにかかった。

「年齢による衰えを隠せない文教祖に代わって、鶴子夫人の権力が強くなりました。しかし実際は、鶴子夫人の母親の霊が下りたと称して『訓母様』と呼ばれた金孝南《キムヒョナム》という霊媒師の言いなりでした。現在、統一教会の大きな集金手段となっている先祖解怨式を始めたのが、この訓母様です。鶴子夫人の信任は篤かったのですが、数百億円に達する着服が明るみに出て、二〇一五年に教団から追放されました」（現役信者）

文鮮明の否定と真逆の教義

二〇一二年七月、一万人の信者を前にした講演の最中、文教祖は原稿にない話を始めた。

「母はいない。文総裁の妻の位置もありません。自分勝手だ。自分勝手！」

その言葉は、長年連れ添った鶴子夫人に向けて発せられていた。

ひと月半後の九月三日、文教祖は九十二歳で死去。九月十五日、聖地・清平の清心平和ワールドセンターで、聖和式が行なわれた。李明博大統領や北朝鮮の金正恩第一書記から花輪が届き、中曾根康弘元首相の弔辞が紹介された。

「天一国真聖徳皇帝」という文教祖の揮毫が記された棺の前で遺影を持ったのは、前述した通り五男の權進。その右には、聖和委員長を務めた七男・亨進の三男・信俊《シンジュン》（当時八歳）がいた。信俊に三代目を継がせるのが文教祖の意向だった。

「この直後から、鶴子夫人、巻き返しを図ろうとする三男、四男、七男の間で、カネと権力を巡る骨肉の争いが始まった。勝利したのは鶴子夫人。その結果、統一教会は、鶴子氏が率いる主流派、三男派、四男＋七男派の三つに分かれました」（同前）

カネと権力を一手に握った「真のお母様」は、「再臨のメシア」のはずの文教祖まで否定する。自らを、六千年ぶりに原罪なしに生まれた「独生女」であると宣言。自分が結婚したことで夫の原罪は清算され、真の父母になったという教えを説く。従来の教義とは真逆だ。関連団体や施設の名称に「ＨＪ」という言葉が付けられるようになった。表向き韓国語の「孝情」の略だが、実は「鶴子＝Ｈａｋ　Ｊａ」のイニシャルだ。

七十九歳の鶴子総裁は健康不安が取り沙汰されて久しく、歩く際には付き添いが必要だ。鶴子総裁が我が子のうちで最も愛したと言われるのは、長男の故・孝進。いま後継に立てようとしているのは、孝進が再婚してもうけた二番目の男子・信興《シンフン》（21）だ。

信興の妻は、自民党の萩生田光一政調会長と親しい元八王子教会長・入山聖基氏の娘。八月二十一日、この夫妻に情娥《ヂョンア》という名の女児が生まれたことを、鶴子氏が公表した。「真の家庭」は、四代目に入った。教祖夫妻の子には進、三十人以上いる孫にはすべて信の字がつくが、ひ孫には情という字がつくらしい。

八月十八日午後、ソウルで在韓日本人女性信者によるデモ行進が行なわれた。午前中、信者たちは清平のＨＪグローバルアートセンターで開かれた「在韓日本宣教社会発足四十周年記念特別集会」に参加し、鶴子総裁のスピーチを聞いた。

「統一教会は北朝鮮と同じ」

ところがその日のうちに、スピーチの内容をすべて削除するよう指示する公文が、ソウルの世界本部名義で下達された。問題になったのは次の箇所だ。

〈日本がエバ国としての最後の陣痛を経験しています。それゆえ私は日本の指導者に「恐れるな。強く大胆に進み出よ。必ず陣痛は過ぎ去る。ゆえに、希望に満ちた神日本の玉のような男の子が誕生するまで、強く大胆に進み出よ！　勝利せよ！」と言いました〉

韓国人幹部が理由を解説する。

「確かに、エバ国家の日本はアダム国家の韓国に奉仕しなければならない教えなのですが、この時期に口にすれば、かつてなく高まっている統一教会への反感をさらに煽ってしまう。そういう判断が、鶴子総裁にはできないのです」

教団は、次のように答えた。

「サムエル・パク（韓国名：朴珍慶）氏は、韓国家庭連合の草創期に入会し、米紙ワシントン・タイムズ会長や韓国文化財団理事長などを歴任した朴普熙氏の三男です。（文鮮明氏による崔淳華さんのレイプについて）そのような事実はありません。（金明煕、崔元福さんとの男女関係は）事実無根です。また韓鶴子総裁のスピーチについて『削除すべし』との公文は出ていません」

八十五歳になった病身の母を看病しながら暮らすサム氏に、安倍元首相の殺害と、統一教会批判が高まっている現状への感想を尋ねた。

「絶対に許されない犯罪です。同時に、この悲劇を防げなかったのだろうかと考えます。統一教会に人生を壊された同じ立場の者として、できれば山上徹也容疑者に厳しい刑を科さないで欲しい。彼と同じように苦しんでいる二世信者が大勢いると知って欲しいし、彼らを救うために立ち上がって欲しいと思います。

日本の政治家は関係を切る必要があるし、日本人の信者は一刻も早くそこから出て下さい。韓国人の幹部は日本を愛していないし、あなたたちのことなど少しも考えていない。お金、若さ、優しい心を利用しているだけです。統一教会は日本にとって、北朝鮮と同じ脅威です。北朝鮮は核とミサイルを持ち、統一教会はマインドコントロールという武器を使うのです」

（文中一部敬称略）

第 5 章

カルトと現代社会

本章では、統一教会と同じく、社会に甚大な被害をもたらした代表的カルト集団であるオウム真理教と、多くのカルトが布教活動の根拠としていた、ノストラダムスが予言したとされるハルマゲドンについて、その実態を伝える記事を再録した。現在では風化しつつあるこれらの事象から、当時の空気感を感じ取っていただきつつ、これからも繰り返されるであろうカルト被害について、私たちはどう向き合っていけばよいのか、考えるきっかけとしていただきたい。

1　小銃の部品まで売り歩いたオウム破産管財人　悪夢の清算12年

（『週刊文春』２００８年4月10日号）

三月二十八日、東京地裁に最後の配当許可が申し立てられ、オウム真理教の破産手続きが事実上終わった。阿部三郎弁護士（81・元日弁連会長）が教団の破産管財人に決まったのは、平成八年三月。三年程度で終わるはずが、予想もしない難題が次々に噴出し、〝悪夢〟の清算には結局、十二年の歳月を要した。オウムだけでなく、国や自治体とも戦った十二年間を、阿部弁護士が振り返る。

命にかかわる仕事かもしれないが、受けざるをえない――それが管財人に推薦されたときの、正直な心境でした。真っ先に直面した難題は、事務所を、どこも貸してくれないことだった。地下鉄サリン事件から一年もたっていなかったので、誰もが恐がっていたのです。ようやく決まった事務所で警察に言われたのも、「向かいのビルから発砲される恐れがあるので、窓全部を目隠ししてください」。実際、一ヵ月後の早朝には、事務所前の路上にトラック一台分の砂利が撒かれました。この事件は未解決です。

施設解体費用の捻出にも困りました。山梨県上九一色村のサティアンだけで四億九千万円もの費用が見込まれ、土地の価格を上回ってしまう。まず考えたのが、自衛隊に訓練目的で壊してもらう方法でした。防衛庁長官は検討すると言ってくれたのですが、翌日の新聞に漏れたことで、計画は頓挫してしまった。

結局、国会議員などに陳情を重ね、補正予算を下ろしてもらうことで解決しました。名目は、前年に起きた阪神・淡路大震災の残骸処理を前例とする「廃棄物の処理」。ところが、山梨県が解体作業の入札を行なったところ、当初は応札業者ゼロ。どんな毒物が残っているかわからない、とみんな恐れをなしたのです。

施設に残っていた物品は何でも売りに出しました。埼玉県都幾川村の施設にあった金の延べ板二枚から、麻原のテレホンカードまで。ロシア製ヘリコプターは、六十万円でスクラップにした。スリランカの広大な茶畑は、予定の買い手が平成十六年のスマトラ島沖地震で被災したため白紙に戻ってしまい、いまも外務省と相談しています。

今後も被害者救済に尽くす

各地の施設ではバザーも開催した。溶接機やコピー機、薬品類から文具、ドライバー一本まで値付けして売りました。サリンプラントがあった第七サティアンの内部を映したビデオを作り、寄付と引き換えにお譲りする、ということもした。

国や自治体の債権放棄も苦労した案件です。法律では、サリン事件などの被害者への配当より、固定資産税や公共料金滞納分の債権をもつ国や自治体に優先権がある。我々は、「国が債権を取り下げなければ、中間配当はしない」とあえて強硬姿勢を示すことで、特別立法をしてもらった。その後、営団地下鉄など一般の債権者も、国に倣って債権放棄してくれたことには、感謝しています。

本来なら、資産を売り払って配当に換えた平成十一年秋の段階で、管財業務は終わりでした。しかし見過ごせない事態があった。破産後も、教団はパソコン事業で、年に八十億も売り上げを得ていたのです。しかし破産法では宣告以後に得た財産には手が出せない。これに対しても特別立法で、収益を配当に回すことを可能にしてもらいました。

その後の協議で教団は、新たな資産提供もしてきました。不動産七物件と中古車八十台。加えて塩二十トンに、長靴四百足、タオル二千枚、雑巾三千枚などです。これらもすべて現金化し、配当へと回しています。

アーレフと改称した新教団とは、継続して債務を負う契約もした。「教団の存続を容認することになる」と批判もありましたが、教団の勢いを弱め、経済活動を監視する役目も果たせたのではないかと思います。

管財業務からは外れますが、記憶に残った仕事もあります。一つは麻原の子供たちの就学で、受け入れを拒む自治体や住民を説得したこと。本来は行政の問題ですが、法律家として見過ごすことができなかった。もう一つは、熊本県波野村に残された犬二十四匹の飼い主探し。愛犬家として、保健所送りになるのを見過ごせなかったのです。

最後の最後に今年二月、警察から押収物の譲渡を受け、現金化しました。密造途中だった自動小銃の銃身部分五トンなどです。警察は転用を恐れて譲渡には消極的でしたが、信頼できる業者に鉄くずとして渡しました。

ここまでやりましたが、被害者が受け取るべき三十八億円のうち二十三億円が未払いのまま、教団の弁済は滞っています。

だから私たちは、国が全額を肩代わりして被害者に支払い、その後で教団から取り立てる救済法の制定を強く求めています。国へのテロの犠牲になった罪のない人たちには、一〇〇%の配当が必須です。国に対して、安易に助けてくれと言っているのではない。十二年間自助努力の限りを尽くしてきた結果であることを、わかってほしいのです。

破産管財人としての仕事はここで終わりますが、被害者の救済は終わっていない。今後も、そのために力を尽くすつもりです。

2　オウム死刑　4人の心を開いたジャーナリスト

（『週刊文春』２０１０年8月12・19日号）

「『細菌で人を殺すのに一人当たりいくらかかるか』『二円か三円でしょう』ある被告が話してくれた、麻原彰晃と故・村井秀夫幹部のやり取りです」フォトジャーナリストの藤田庄市氏（62）は、東京拘置所内のオウム真理教元幹部たちと面会を重ね、さらに文通を続ける中で、法廷で明かされなかった内情や、その素顔に接してきた。

裁判では麻原（55）をはじめ十人の死刑が確定し、中川智正（47）、土谷正実（45）、遠藤誠一（50）の上告審（いずれも二審で死刑）を残すのみとなっている。

教団きっての武闘派と呼ばれた早川紀代秀（61）は、今年三月に時効を迎えた国松警察庁長官狙撃事件について、拘置所内で繰り返し聴取を受けた。

「それには憤慨していました。『本当に何も知らないのに、何度も聞かれる』と」

面会時に果物などを差し入れると、自筆イラスト入りの礼状が送られてきた。そこには、「手製の祭壇にお供えさせていただいています」との添え書きが。

地下鉄サリン事件実行犯の広瀬健一（46）も、罪を深く悔いている。

「被害者に謝罪の手紙を書くため、ペン習字を勉強していました。昨年は、早稲田の大学院を優秀な成績で修了した学力を生かして、数学の高校受験用問題集を電子出版。売り上げを被害者救済に当てるためです」

ある日の面会では、立会いの刑務官が藤田氏にこう話しかけてきたという。

「こんな立派なヤツがあんな大それた罪を犯したことが、自分にはどうしても理解できない」

医師だった中川は、数々の神秘体験を語った。

「オウムでは修行の果ての神秘体験がつきものでしたが、彼はそれと違う〝巫病《ふびょう》〟だったようです。文化人類学などの用語で、〝神秘体験によるコントロール不能の心身異常〟のこと。二審で弁護側が提出した精神科医の鑑定意見書もそう主張しましたが、判決は採用も否定もしませんでした」

ただ一人、〝麻原尊師への帰依〟を貫き通すのが新実智光（46）。藤田氏への年賀状にも、ホーリーネームのミラレパを記している。

「信仰について『揺れてますよ』と言ったことはありますが、坊主頭に紺の作務衣で、面会室の出入りには合掌します。『寒いから、靴下を二枚重ねしたほうがいいですよ』とこちらの健康を気遣ってくれたり、拘置所内のほかの元信徒にも『身体に十分気をつけてください』と手紙を書いているようです。仏典や健康法の本、漫画などを貸してくれることも。『教団にいた頃は、他人への思いやりなど一切なかったのに』と、ほかの元信徒が驚いていました」

だが一連の事件や麻原について新実に尋ねると、答えは返ってこない。

藤田氏は言う。

「顔を合わせて話をすれば、みんな極めて穏やかで誠実です。理性的には犯した罪を許せるはずはなく、擁護するつもりもまったくありませんが、私は彼らの宗教的内面を理解しなければならないと思っています」

彼らが口を揃えるのは、一連の事件は〝救済〟を信じた宗教的動機に基づく犯行だったことが、裁判で十分に解明されなかったということ。オウム事件の真の原因はいまだに闇の中だと語る藤田氏は、早川のこんな言葉が頭に残ると言う。

「同じような事件がまた起こりますよ」

3 「カルト入信　私の失敗を繰り返さないために」

元オウム真理教科学技術省次官　広瀬健一

（『週刊文春』２００８年12月18日号）

その贖罪は、私がいかなる刑に服そうとかなわないと存じております――死刑判決を受けた地下鉄サリン事件の実行犯が綴る手紙には、オウムに走った「心」のあり方が生々しく描かれていた。自らの体験を伝えるカルトに入らないための五つのチェック項目とは。

〈学生の皆さまへ

「生きる意味は何か」――皆さまは、この問いが心に浮かんだことはありますか。この質問から私が始めた理由は、それが皆さまの年ごろの人たちが抱きがちな問題であり、また、若者が「カルト」に係わる契機ともなるからです。

オウム真理教による事件以降も、「カルト」に対する警戒の呼びかけにもかかわらず、その被害が跡を絶たないようです。（略）

「カルトへの入会を防止するための手紙」を皆さま宛に書くようお話がありましたので、引き受けさせていただきました。それが私の責務と思われたからです。

私は地下鉄サリン事件の実行犯として、被害関係者の皆さまを筆舌に尽くし難い惨苦にあわせてしまいました。そのことは心から申し訳なく思い、謝罪の言葉も見つかりません。また、社会の皆さまにも多大なご迷惑をおかけ致しました。その贖罪は、私がいかなる刑に服そうとかなわないと存じております。せめて、このような悲惨な事件の再発を防止するための一助になることを願い、私の経験を述べさせていただきたく思います〉

手記は丁寧な文字で、便箋五十八枚にわたって綴られている。書いたのは、元オウム真理教幹部の広瀬健一被告（44）。

広瀬被告は、早大大学院理工学研究科在学中の昭和六十三年三月、オウムに入信。一年後に出家した。教団では科学技術省次官の一人。高学歴の信徒が多かったオウム幹部の中でも群を抜いたその優秀さは、裁判に証人として出廷した学生時代の指導教授に、

「そのまま研究を続けていたら、日本だけでなく、世界の物理学に多大な貢献をしただろう」

と言わしめたほど。

地下鉄サリン事件では池袋発の丸ノ内線を担当し、一人を死亡させた。同事件と自動小銃密造事件で一審二審とも死刑判決を受け、現在上告中。

値引き処分の家電にむなしさ

宗教全般やカルト問題の取材を続けるフォトジャーナリストの藤田庄市氏が今年度、フェリス女学院大学で「現代人と宗教」という講座を担当した。その教材として、「カルトに入信しないために」というテーマで執筆を依頼したのが、この手記。

手記は、入信のいきさつにさかのぼる。

〈高校三年生のとき、「生きる意味」の問題を明確に意識するようになりました。そのきっかけは、家電商店で値引き処分された商品を見たことでした。商品価値がたちまち失われる光景を見て、むなしさを感じたのです。それ以来、私はこの「むなしさの感情」を通して、世界を見るようになってしまったのです。（略）結局は、宇宙論のいうように、すべては無に帰してしまうだけではないのか……との思いが浮かぶこともありました。そして、私は「生きる意味」――絶対的な価値に関心を持つようになったのです。しかし、それを求めることが、ないものねだりであることは、半ばわかっていました。そのため私は、実行可能な「生きる意味」を求める方法として、物理の分野で、すぐに価値がなくならない基礎的な技術を開発する研究を目指すことにしました〉

その後、大学院一年のとき、書店でたまたま手にしたのがオウムの本だった。

〈私は新宗教に対して拒絶反応が起こるのを禁じ得ませんでした。「輸血拒否事件」「霊感商法」……新宗教に関するマスコミ報道は、決まって言いようのない不快感を催すものでした〉

ところが、一カ月後の深夜――。

〈眠りの静寂を破り、突然、私の内部で爆発音が鳴り響きました。それは、幼いころに山奥で聞いたことのある、発破のような音でした。音は体の内部で生じた感覚があったものの、はるか遠くで鳴ったような、奇妙な立体感がありました〉

〈意識を戻した私は、直ちに事態を理解しました。爆発音と共にクンダリニーが覚醒した――読んでいたオウムの本の記述が脳裏に閃いたからです。クンダリニーとは、ヨガで「生命エネルギー」などとも呼ばれるもので、解脱するためにはこれを覚醒させる、つまり活動する状態にさせることが不可欠とされていました。続いて、粘性のある温かい液体のようなものが、尾てい骨から溶け出してきました。（略）それはゆっくりと背骨に沿って体を上昇してきました。腰の位置までくると、体の前面の腹部にパッと広がりました。経験したことのない、この世のものとは思えない感覚でした〉

〈「オウムは真実だ」

オウムの宗教的世界観が、一気にリアリティーを帯びて感じられました。麻原をグル（修行を指導する師）として、解脱・悟りを目指すことが私の「生きる意味」であると確信しました。（略）クンダリニーが自然に覚醒したのは、前世のグルの著書を読んだために、修行者だった

私の前世の記憶が甦ったからだと思いました。（略）入信以外の選択はありませんでした〉

いま広瀬被告は、この神秘体験を振り返って綴る。

〈現在、私はオウムの教義や麻原の神格を全否定しています。その根拠だった宗教的経験について、脳内神経伝達物質が活性過剰な状態で起こる幻覚的現象として理解しており、教義のいう意味はないと考えているからです〉

広瀬被告と何度も接見を重ねた社会心理学者は、彼は「被暗示性の高い性質」であり、急激な思考体系の変容である宗教的な「回心」が起きた、と所見を述べている。

〈なぜあの男が――オウムにおいて、麻原の地位が絶対だったことに対する疑問の声をよく聞きます。その理由の一つは、私と同様に、信徒にとっては麻原を「神」とする教義の世界観が現実だったことでしょう。ヨガの行法によって、多くの信徒が教義どおりの宗教的経験をしていたのです。現役の信徒は今も、麻原の力でカルマ（悪業）が浄化されると感じる体験をしているようです。だから、法廷で麻原がどんなに狂人的な振る舞いをしても、信徒にとっては、彼は「神」であり続けているのです。私もそうでしたが、信徒が帰依しているのは生身の麻原ではなく、宗教的経験によって知覚した麻原です。「現実」よりも、「宗教的経験」のほうがリアリティーがあるのです〉

在家信徒となった一年後、大学院修士課程を修了。大手電機メーカー研究所への就職が決まっていたが、麻原に呼び出され、「君たち若い者がやらないで誰がやるんだ」と促され、内定を辞退して出家した。平成元年三月のことだった。

教えが常識と矛盾していないか

〈私の出家後、平成元年の四月から、麻原は「ヴァジラヤーナ」の教義に基づく救済を説きはじめました。現代人は悪業を積んでおり、苦界に転生するから、「ポア」して救済すると説いたのです〉

〈麻原は仏典を引用して、「数百人の貿易商を殺して財宝を奪おうとしている悪党がいたが、釈迦牟尼の前世はどうしたか」と出家者に問いました。私は指名されたので、「だまして捕える」と答えました。ところが釈迦牟尼の前世は、悪党を殺したのです。これは、殺されるよりも、悪業を犯して苦界に転生するほうがより苦しむので、殺してそれを防いだという意味です。それまでは虫を殺すことさえ固く禁じられていたので、私にはこの回答は思いつきませんでした。しかしここで麻原は、仏典を引用して「殺人」を肯定したのです〉

オウムは平成二年二月の衆議院選挙に「真理党」として出馬したが、二十五人全員が落選。これを機に、武装化へ大きく舵を切っていく。広瀬被告は「人類の救済」のためと疑わず、それに従っていった。

〈麻原が指示したのは、猛毒のボツリヌストキシンを大量生産し、気球に載せて世界中に散

布することでした。（略）

私たちは、一般社会では無差別大量殺人とみなされる行為を指示され、しかも厳しい作業が続きましたが、誰も疑問を口にすることなく、淡々と行動していました。外部の人が見たら、殺人の準備をしているとは思えなかったでしょう〉

この計画は失敗に終わったが、武装化は続く。毒ガス、レーザー兵器、炭疽菌、自動小銃などの製造やロシアでの武器調達が、麻原によって指示された。

〈そして、平成七年三月、私たちは地下鉄にサリンを散布する指示を村井秀夫から受けました。麻原の意思とのことでした。その指示は、当時の私には、苦界に転生する人々の救済としか思えませんでした〉

地下鉄サリン事件は、五路線で十二人が死亡。五千人以上の負傷者が出る大惨事となった。

〈ただし私は、決して軽い気持ちで事件に関与したわけではありませんでした。救済とはいえ、行為そのものは悪業になるとされていたからです。（略）地下鉄から下車した後で私は突然ろれつが回らなくなり、サリン中毒になったことに気付いたのですが、そのときは「悪業が返ってきた」と思いました〉

広瀬被告は自らが経てきた体験と拘置所内での勉強から、「カルトに入信しないための集団チェック項目」を以下のように挙げている。

・指導者や教義に絶対的な服従を強いられる

いかなる状況においても会員個人の判断が尊重されている必要があります。服従が生活全般に及ぶ場合は危険です。

・行きすぎた規制がある

集団内の道徳的規則が、社会通念に比べて過度に厳しい。また、規則違反に過度の恐怖が喚起される場合は問題です。

・自己を否定される

自己を否定されると、指導者に服従する結果になります。私はそれまでの人生について煩悩や悪業を増大させるだけのものだったことを認めざるを得ず、自身の経験や知識を信頼できなくなりました。これは、私が愚かにも麻原に従った原因の一つです。

・一般社会から離れ、集団生活に入る

宗教的経験によって、一般社会を苦界への転生に至らせる世界と認識したために、私の心は出家へと向かいました。一般社会を否定する教えを説き、会員をそれから離し、集団生活に誘導する集団は問題です。

・著しく非現実的な教えがある

カルトの超越的世界観は「生きる意味」などの形而上的な問題を解決しますが、教えが常識と矛盾しないように合理化されていない集団は、要注意です。

藤田氏が教えた女子学生たちは、オウム事件当時まだ小学生。授業では、「カルトに入るなんて他人事だと思っていたけど、自分も入ってしまう怖さを知った」などの感想が寄せられたという。

広瀬被告は、小誌記者に宛てた手紙に書いている。

〈学生さんたちの感想を藤田さんからいただいたのですが、一定の理解をした人が多いのは意外でした。「わからない」という声が大半を占めると予想していたのです。やはり「生きる意味」やそれに係わる「虚無感」に問題意識をもつ年ごろなのでしょうか。そのような人たちのお役に立てれば嬉しいです〉

一連のオウム裁判では十三人に死刑判決が下り、麻原をはじめ五人はすでに確定。しかし先ごろ、麻原が再審請求の手続きをとったと報じられた。

4 「ノストラダムス」で子供が壊れていく！聖書は悪用されている

浅見定雄（東北学院大学名誉教授）

（『週刊文春』1999年4月29日・5月6日号）

聖書の教えを意図的に操作し、一カ所にしか使われていないハルマゲドンという言葉を一人歩きさせ人類滅亡の不安をかき立てる。大流行のノストラダムスの大予言は、はやくもオウム事件が風化するなかで子供たちをむしばもうとしている。聖書学の権威が徹底批判！

〈一九九九年七の月
恐怖の大王が空から降ってくるだろう
アンゴルモワの大王を蘇らせるために
その前後の期間　マルスは幸福の名のもとに支配するだろう〉

人類の滅亡を告げているとして有名な、ノストラダムスの予言詩です。事実なら、私たちの命はあと二カ月余り。さて、この予言は当たるのでしょうか？

当たりません。その根拠を述べます。

右の詩を日本中に知らしめ、一大センセーションを巻き起こしたのは、五島勉氏が書いた『ノストラダムスの大予言』（祥伝社）。七三年の発売直後から大ベストセラーとなり、これまで四百五十刷、二百五十万部を超す売り上げだという。五島氏はこの中で、「恐怖の大王」の正体について、以下の推測を述べた。

①戦争時の空からの爆撃。
②同じくＩＣＢＭ（大陸間弾道弾）。
③核や原子炉を積んだ軍事衛星や宇宙衛星の墜落。
④大隕石や大彗星、小惑星の落下。
⑤宇宙人の襲来。
⑥大気に溜まった汚染物質の降下。

昨年七月には、完結編と称するシリーズ第十弾『最終解答編』が刊行された。

この『最終解答編』の中で五島さんは、「恐怖の大王」の正体をついに特定しておられます。

結論だけいえば、すなわち「再臨のイエス・キリストである」というのです。

〈一九九九年七の月とは、再臨のイエスが実際に地上に来られる期限だ〉と。

続けて、五島さんはこう書いています。

〈「再臨」はその前提として、あらゆる最大限の破滅をともなって来る〉〈核戦争よりも地球温暖化よりも、ダイオキシンよりもオゾンホールよりも、ずっと恐ろしい〉〈それは何もノストラダムス予言を読まなくても、（中略）『聖書』の予言の部分を読めば、誰でも一読明確にわかる〉

さて最初に、五島さんの基本的な間違いを正しておきましょう。それは〝預言と予言の違い〟です。五島さんは、〈予言者とは、ヨーロッパでは、旧約聖書や新約聖書に出てくる予言者（預言者）たちのこと〉とごっちゃにしていますが、ふたつは別物です。「預言者」は神の意思を預かって、神の審判と救いを語る者。「予言者」とは、自分が感じたままの未来を予告する者です。聖書にあるのは「預言」であって、占い師のような「予言」はひとつも出てきません。これは、『トンデモノストラダムス本の世界』（洋泉社）で、山本弘さんがきちんと指摘しておられる通りです。聖書では占い行為そのものが禁止事項です（申命記一八章一〇節ほか）。

五島さんがお薦めになる聖書を読んで、一読明確にわかるのは、聖書は一九九九年のイエスの再臨も、人類滅亡も予言していないという事実です。

五島さんは、新約聖書からヨハネの黙示録やペトロの手紙二などを引用しつつ、再臨に当たってどんなに恐ろしいことが起こるかを語ります。たとえば――。

●大地震・飢饉・疫病。

●空から毒物や毒の星が降ってくる。それで、世界の水の三分の一が汚され、みどりの三分の一が失われ、多くの人が体を冒されて死ぬ。

●イスラエル北部のハルマゲドンという場所を中心にして、世界中の軍隊が戦闘態勢に入る最終段階が来る。

●かつてない大地震で、大都市バビロンが三つに裂けて崩れて燃え尽きる。

これほどの天変地異が伴うのだから、一九九九年のイエスの再臨は何とも恐ろしいのだ、と――。

聖書に書いてある天変地異の内容は、まあその通り。しかし残念ながら、解釈がまったく間違っています。

五島さんも引用するヨハネの黙示録は、新約聖書の末尾に位置しています。内容は、預言者ヨハネが自ら見た幻を語るというもの。有名な〝ハルマゲドン〟も、この中に出てくる言葉です。

意図的に聖書の教えを省略

その冒頭、第一章第一節は、こう始まっています（以下、聖書の引用は「新共同訳」による）。

〈イエス・キリストの黙示。この黙示は、すぐにも起こるはずのことを、神がその僕《しもべ》たちに示すためキリストにお与えになり、そして、キリストがその天使を送って僕ヨハネにお伝えになったものである。〉

ここで注目すべきは、〈すぐにも起こる〉という言葉です。もっと続きを読むと、

〈地上に住む人々を試すため全世界に来ようとしている試練の時に、わたしもあなたを守ろう。わたしは、すぐに来る。〉（三章一〇節）

〈見よ、わたしはすぐに来る。〉（二二章七節及び一二節）

と、再臨は〈すぐ〉なのだということが、繰り返し語られます。でも、〈すぐ〉とはいつか。一九九九年七月を指すのでしょうか？

黙示録というのは、ローマ帝国の迫害に苦しむ紀元一世紀当時のキリスト教信者を、リアルタイムで励ますために書かれたものです。

紀元七〇年、ユダヤはローマとの戦争に敗れ、エルサレムが陥落しました。その後、皇帝ネロやドミティアヌスによるキリスト教徒迫害が続く。その様子を終末的危機になぞらえて描写し、来るべき千年王国と、その先に来る神の国（理想の世界）に期待を託しているのです。天変地異、飢饉や病気、戦争——それらは、キリスト教の弾圧と同時に、その当時、現実に起こっていた災いです。

つまり書かれている内容はすべて当時の出来事か、起こった事をあとから書いた〝事後預

言〟です。だからこの世が終わるとは、聖書は言いません。むしろ世界は最終的にはもっとすばらしい神の国に変わる。その希望によって信者に団結を促し、信仰を貫かせるための檄文《げきぶん》でもあるのです。

しかしストレートな書き方をすればローマの目に触れるので、比喩的になっているのです。たとえば滅亡する大都市バビロンとは、聖書の中では常にローマを指す暗号です。

だから黙示録のイエスは〈わたしはすぐに来る〉と何度も繰り返しては、信者を励ます。「遠い将来ではない、近いいつか」だと。二千年も先の再臨を言われても、当地の信者にとっては、目の前の迫害に耐えるための慰めにはならなかったでしょう。

以上紹介したようなことは、聖書学の世界では定説です。しかも舞台はローマとパレスチナ。千九百年後の日本の終末に、関係あろうはずもないのです。

それでも(再臨が)今年の七月だとおっしゃるなら、マルコ福音書の一三章三二節を挙げましょう。

〈その日、その時は、だれも知らない。天使たちも子も知らない。父だけがご存じである。〉

神の子、つまりイエスさえも知らないのに、それを知っているとすれば、ノストラダムス、いや五島さんこそが神だということになります。

黙示録の最終章二二章の二〇節は、こう結ばれます。

〈以上すべてを証しする方が言われる。「然《しか》り、わたしはすぐに来る。」アーメン、主イエスよ、

来てください。〉

四百八十ページにわたる新約聖書が、この言葉のあと祈りと共に巻を閉じるのは、まことに象徴的です。

このように黙示録の書かれた時代背景を考えれば、答えはまさに一読明確です。

当初私は、五島さんは専門家でないので、聖書を読み誤るのは無理もないと思っていました。しかし、読者の読み方を意図的に操作している部分があるとすると、それを指摘せざるをえない。

『最終解答編』には、ペトロの手紙二の三章一〇節以降が次のように引用されています。**太字**は聖書にあるのに、五島さんがわざと省略した文章です。

〈主の日は盗人のように（註・気づかないうちに）やって来ます。その日、天は激しい音をたてながら消えうせ、自然界の諸要素は熱に熔け尽くし、地とそこで造り出されたものは暴かれてしまいます。このように、すべてのものは滅び去るのですから、あなたがたは**聖なる信心深い生活を送らなければなりません。**神の日の来るのを待ち望み、また、それが来るのを早めるようにすべきです。

その日、天は焼け崩れ、自然界の諸要素は燃え尽き、熔け去ることでしょう。**しかしわたしたちは、義の宿る新しい天と新しい地とを、神の約束に従って待ち望んでいるのです。**

だから、愛する人たち、このことを待ち望みながら、きずや汚れが何一つなく、平和に過ご

していると神に認めていただけるように励みなさい。また、わたしたちの主の忍耐深さを、救いと考えなさい。〉

世界の滅亡どころか新しい天地の約束と希望、それにもとづいて信心深く平和に過ごす生き方が強調されている部分を隠した上で、五島さんはこうお書きになる。

ハルマゲドンはたった一カ所

〈(聖書の)メインは、右の「ペトロの手紙二」で恐怖の頂点に達する、文明危機の重なりによる世界破滅へのリアルな警告なのだ〉そして、〈世界破壊への警告は、聖書数千ページの少くとも三分の一ぐらいにわたって出てくるのだ〉とまで極言する。

ところが実際は「ペトロの手紙二」でさえ、五島さんが引用するのは、この手紙全体約四千字中のわずか百字と少々、つまり四十分の一です。これに黙示録とか福音書の一部を加えても、五島さんがお好きな表現の出てくる箇所は、「聖書数千ページ」のうちたった数カ所にすぎません。

聖書を都合に合わせて使う程度ならまだしも、五島さんのは、聖書の事実を片っぱしからねじ曲げているのです。

ノストラダムスは、一五〇三年に生まれた。南仏サロン・ド・プロバンスにある「ノストラダムス記念館」では、いまから四年後の二〇〇三年に、誕生五百年祭を企画しているという。同館のアルマン館長は、

「その前に世界が終末を迎えたら、ノストラダムスに申し訳ない」

と笑いながら言った（九九年二月四日・共同）。

しかし日本では、オウム真理教事件のあと減ったとはいえ、ノストラダムスの予言を信じる大学生が、いまだ二二パーセントに上るという（「宗教と社会」学会・九九年調べ）。神戸児童連続殺傷事件の少年Aも、ノストラダムスの予言を信じ、「どうせ人生、先がないから」と考えていたという。

もっと始末が悪いのは、何の根拠もないノストラダムスの予言を、さらに悪用し、危機感を煽る輩《やから》が跡を絶たないことです。

『ついに解明された1999年』（高坂満津留著・光言社）は、ノストラダムスを超える南師古（ナムサゴ）という予言者が韓国にいて、両者の予言を突き合わせると、ノストラダムスの指示する救世主は統一教会の文鮮明教祖だと言っています。

『ノストラダムス戦慄の啓示』（大川隆法著・幸福の科学出版）は、大川代表がノストラダムスから啓示を受け、書き著したとされる本です。

〈この日本の植民地的なる支配は、東南アジアに及ぶ。ベトナム、ミャンマー、タイ、こうした国々は、やがて日本の軍門に下ることになる。それは歴史的な必然となる。アジアの諸国は怯えるであろう、このリヴァイアサン（日本のこと）の快挙に。かつての大日本帝国の復活か、かつての大東亜共栄圏の復活かと怯えるであろう。〉

こんな予言を、ノストラダムスがするものでしょうか？

オウム真理教教祖の麻原彰晃は、九三年三月二十日、横浜支部における説法で、こんなことを喋りました。

〈わたしの研究はいよいよノストラダムスについても、最後を迎えてきている。それによると、九七年ハルマゲドンである。〉（『日出づる国、災い近し』）

また著書ではこう説いた。

〈ハルマゲドンは回避できない。しかし、オウムが頑張って多くの成就者を出すことができれば、その被害を少なくすることができる。ハルマゲドンで死ぬ人々を、世界人口の四分の一に食い止めることができる。そして、残りの四分の三の人口の中のどれだけが生き残れるかは、オウムの救済活動次第だと。〉（『滅亡から虚空へ』）

その結果、彼らがどんな暴走を続けたかは、ご存じの通りです。

このハルマゲドンほど、一人歩きしている言葉はありません。しかし聖書の中でハルマゲドンという言葉は、実はたった一カ所にしか出てこないのです。

ヨハネ黙示録の一六章一六節。歴史の終わりに、パルテア地方の王たちが干上がったユーフラテス川を渡って、神とキリストの勢力に対し最終戦争を挑むために集結する、というくだりです。

〈汚れた霊どもは、ヘブライ語で「ハルマゲドン」と呼ばれる所に、王たちを集めた。〉

これだけです。

予言を利用するカルト宗教

次の瞬間、天使が水瓶を傾けると、神の玉座から「事はすでに成った」という声が聞こえてきて、ローマ帝国は引き裂かれてしまう。つまり、地上の王たちに対して天使と神が天上で声を発するだけで、神のために戦う地上の武装集団など出てこないし、戦闘もない。王たちがその後どうなったのかも、わからない。「悪の勢力が、東のほうからやってきた」と言っているだけなのです。

ハルマゲドンという現実の場所自体、はっきりしません。古戦場として知られる〝メギドの丘〟だという説もあれば、〝集会の山〟の意味にすぎないという説もある。もっとわからないのは、いつから本来の意味を離れ、〝人類最終戦争〟のような使われ方が始まったか、という点です。

オックスフォード英語大辞典によると、アルマゲドン（英語での綴り）がブリタニカ百科事典の第二版で初めて項目として登場するのは一九一〇年、今世紀になってからのこと。それによると、十九世紀末には、「最後の大きな戦い」を意味する用例があったらしい。「関ヶ原」や「天王山」と同じく、比喩的な意味のほうが大きくなっていったものと思われる。

つまりそれまでの千八百年間、キリスト教では——少なくとも英語世界では——ハルマゲドンという言葉を物の譬《たと》えにも使わなかった、ということ。聖書の中では、取るに足らない言葉だと言っていいのです。

しかしエホバの証人（ものみの塔）は、こう説きます。

〈救いのためにエホバの証人の組織に来ない限り、すべての人は間もなくやってくるハルマゲドンの戦いにおいて滅ぼされる。〉（『ものみの塔』八五年十一月十五日）

彼らはハルマゲドンの時期について、一九一四年、一六年、一八年……と、七五年まで何度も予言を繰り返しました。

どのカルト宗教の例でも同じですが、何度予言が外れても裏切られても、なぜ信者はついていくのか。

これは言ってみれば、馬の前にぶら下げたニンジンなのです。予言が遠すぎると情熱が湧かないし、近すぎては失望してしまう。これが第一のポイントです。

次に、ダブルバインド（二重の呪縛、学術用語としては二重の拘束）。予言が当たれば「麻原尊師の言うとおり」。外れたら「尊師が祈ってくれたおかげ」あるいは「お前たちが熱心に祈ったから」。実はどっちでもいいように、巧妙に出来ているのです。

予言は先進国社会の寄生虫

次に、なぜカルトがこれほどはびこるのか。その土壌の問題を考えましょう。

まず、引っ掛かる若者たちの側としては、社会が行き詰まり、将来に希望をもてないというのが大きい。途上国でこれから国づくりの希望に燃えているような若者は、カルトに行きません。

日本でカルトが勢力を伸ばし始めたのは、学生運動が下火になったころからです。七二年があさま山荘事件、七三年が第一次オイルショックでした。統一教会が伸び始めたのは、そのころ。ノストラダムスの最初の本が七三年に刊行されたというのも、実に象徴的です。

もうひとつ、先進国ほどプライバシーが認められるという特徴があります。わが子が小遣いでノストラダムス本や麻原の本を買って、自分の個室で読んでいても、親にはわかりません。

問題が大ごとになるまで、気づかない場合が多いのです。

カルトの側に目を移すと、現代社会では信教・思想・結社・表現・言論の自由が保障されています。あのオウム真理教でさえ、「今は悪いことをしていない」という理由で、野放しです。前近代社会なら、すぐに異端でやられたはずです。ついこの前まで、魔女狩りがあったほどですから。

こういう意味でカルトやノストラダムスの予言は、自由な先進国社会への寄生虫のようなものです。そしてまっ先にむしばまれるのが、いつでも少年少女たちなのです。

今、オウム真理教に入信する大学生が、地下鉄サリン事件を知らないという状況が始まっています。あのころまだ中学生で、ニュースもワイドショーも見てなかったというんです。

現代社会にはこれほど、カルトやオカルトが流行《はや》り、また受け入れられやすい条件が、揃っています。

聖書は、終末やハルマゲドンなどの些細なことより、もっと大切な内容を説く書物です。つまり、キリストはいつ再来するかわからないので、キリスト教信者はいつ来られても恥ずかしくない毎日を生きるべきだ、ということ。

今ここで、だれかが、〈飢えていたときに食べさせ、のどが渇いていたときに飲ませ、旅をしていたときに宿を貸し、裸のときに着せ、病気のときに見舞い、牢にいたときに訪ねてくれた〉（マタイ福音書二五章三五節）かどうか。再来のキリストは、そのことを問うと聖書は言っています。

今をどう生きるか。それ以外の動機から終末論に熱を上げるのは、ナンセンスです。

最後に引用するのは、宗教改革者マルチン・ルターによるといわれている言葉です。

「たとえ明日、世界が滅びることを知っていても、私は今日なお、私のリンゴの若木を植えるだろう」

おわりに

九二年六月に始まった『週刊文春』の統一教会批判キャンペーン記事は、ほぼすべてに「有田芳生&本誌特別取材班」という署名が入っていました。「特別取材班」といっても、実際のメンバーは松井清人デスク以下、先輩の松葉仁記者と私だけ。その年の四月に記者になったばかりの私は、右も左もわからぬまま、取材班の末席に加えられたのでした。

初めて四人で打ち合わせをしたあと、不勉強だった私は有田さんが『朝日ジャーナル』の霊感商法追及キャンペーンを手がけていたことを知らず、

「統一教会の取材は、ずっとやってらっしゃるんですか」

と尋ねました。そのときの返事を、いまも鮮明に覚えています。

「誰かがやらなきゃしょうがないからね」

その後、松葉記者は編集部を去り、松井デスクは『週刊文春』と『文藝春秋』の編集長を経て社長を務めたあと、二〇二一年に亡くなりました。松井さんが存命だったら、安倍元総理銃撃事件以降の統一教会報道をどう差配しただろうか、と考えることがしばしばあります。

いまでも覚えているのは、キャンペーンを始めると同時に編集部に届いた、たくさんの手紙

です。「入信した我が子を取り戻したい」という相談でした。どこへ悩みをぶつけていいのかさえわからない人たちが、日本中にたくさんいました。一通一通の切実な文面が、一過性の話題にしてはいけないことを教えてくれました。あのたくさんの手紙が、私が統一教会問題と向き合うときの原点になっています。

統一教会問題の本質は、宗教に名を借りた人権侵害です。最大の被害者は、被害を受けている事実に気付かないまま、地上天国の実現や家族の幸せを信じて活動に従事させられている現役の信者です。

ですから宗教法人格をはく奪し、霊感商法や高額献金の金銭被害を回収できたとしても、すべての解決にはなりません。入信した人たちの人権を回復することこそ肝要なのです。

カルトに騙されるのは、いい人ばかりです。「世の中をよくしたい」「人の役に立ちたい」という善良な心に付け入って悪事に利用するから、カルトは許すことができません。信者の娘をもつ、七十歳を超えた母の叫び（本書138ページ）を、もう一度引用しておきます。

「『家族が統一教会に入ったおかげで、あの家はみんな幸せになった』と聞けば、誰もが競うように入信するでしょう。そうなっていないのは、統一教会が誰も幸せにしていないのが現実だからです。世間に向けて『ウチの子は信者です』と胸を張れる親は、どこにもいません。それがなぜなのか、統一教会の偉い人たちには、よく考えてもらいたいです」

統一教会批判の報道には、多くの先達がいます。インターネットなどない時代に膨大な資料を集め、分析して世に問うた茶本繁正さんや、文教祖の人物像を掘り下げた萩原遼さん。有田さんや藤田庄市さん。そしてこれから先は、藤倉善郎さんに鈴木エイトさんという頼もしい存在がいます。みな「誰かがやらなきゃ」という思いを共有した人たち、なのだろうと考えます。

本書に収録したどの記事も、辛い経験を振り返って語ってくれた数多くの元信者、その家族たち、宗教関係者、弁護士などの協力なしでは成り立っていません。韓国での取材は、ソウル在住のジャーナリスト柳錫さんとの共同作業です。また九二年から今日に至るまで、宮村峻さんには常に厳しいご教示をいただきました。

本書は「過去に書いた記事を、資料として残したほうがいい」という有田さんの勧めにより、世に出ることとなりました。出版を引き受けてくださった花伝社の平田勝社長と、記事の選択に関して的確なご意見をいただいた佐藤恭介編集部長には、大変お世話になりました。記事の転載を快諾してくださった皆様、㈱文藝春秋と㈱宝島社にも、お礼を申し上げます。

二〇二四年四月

石井謙一郎

石井謙一郎（いしい・けんいちろう）
1961年、東京都生まれ。早稲田大学第一文学部東洋哲学科卒業。出版社勤務を経て、1992年から2011年まで『週刊文春』特派記者。統一教会のほか、オウム真理教、摂理、幸福の科学、千乃正法（パナウェーブ研究所）、愛の家族などの新宗教やカルト取材に携わる。2013年から2020年まで「文藝春秋」契約記者を務めた後、フリーライター。共著に『統一教会　何が問題なのか』（文春新書）など。

『週刊文春』vs 統一教会の30年——未曽有のカルト教団が残した傷跡

2024年5月30日　初版第1刷発行

著者 ——石井謙一郎
発行者 ——平田　勝
発行 ——花伝社
発売 ——共栄書房
〒101-0065　東京都千代田区西神田2-5-11出版輸送ビル2F
電話　03-3263-3813
FAX　03-3239-8272
E-mail　info@kadensha.net
URL　https://www.kadensha.net
振替 ——00140-6-59661
装幀 ——黒瀬章夫（ナカグログラフ）
印刷・製本——中央精版印刷株式会社

ISBN978-4-7634-2119-7 C0036

統一協会の何が問題か
人を隷属させる伝道手法の実態

郷路征記　著

定価：880円（税込）

●統一協会と対峙した 35 年

信者はなぜ家庭を崩壊させるような多額の献金をするのか？
その伝道・教化手法の違法性はどこにあるのか？
見えてきた被害者救済の道筋と、被害防止の方向性——

統一協会マインド・コントロールのすべて

郷路征記　著

定価：1870円（税込）

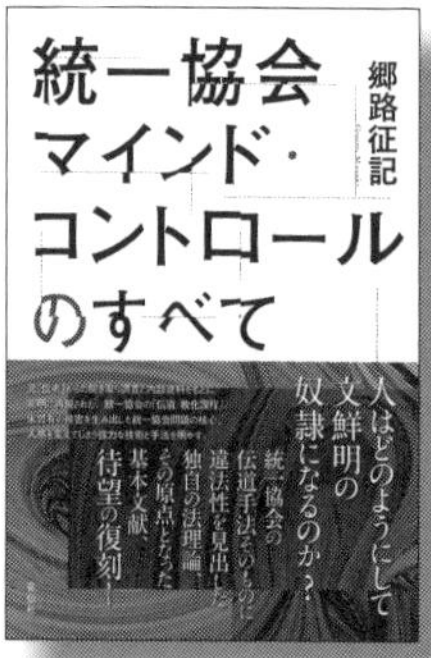

●人はどのようにして文鮮明の奴隷になるのか？

元「信者」からの聞き取り調査と内部資料をもとに克明に再現された、統一協会の「伝道・教化課程」。未曽有の被害を生み出した統一協会問題の核心、人格を変えてしまう強力な技術と手法を明かす。

統一協会の伝道手法そのものに違法性を見出した独自の法理論、その原点となった基本文献、待望の復刻！